W9-ACH-466

Entender, educar y cuidar a tu gato

JAVIER VILLAHIZÁN

LIBSA

© 2006, Editorial LIBSA
C/ San Rafael, 4
280108 Alcobendas. Madrid
Tel. (34) 91 657 25 80
Fax (34) 91 657 25 83
e-mail: libsa@libsa.es
www.libsa.es

ISBN: 84-662-1117-9

Colaboración en textos: Javier Villahizán y Equipo editorial LIBSA
Edición: Equipo editorial LIBSA
Diseño de cubierta: Equipo de diseño LIBSA
Maquetación: Ginés Nadal y Equipo de maquetación LIBSA
Documentación: Archivo LIBSA
Fotografía: Antonio Beas y Archivo LIBSA
Agradecimientos: Peluquería «COCKI» y tienda de animales «PEDRO» (Las Rozas, Madrid),
clínica veterinaria «EL ARCA DE NOE», Luis Yanes, David Beas, María del Mar Ino Muñoz Martín

Contenido

Presentación

Gatos riñendo (1786-1787, Museo del Prado, Madrid), de Francisco de Goya.

El contenido de *Entender, educar y cuidar a tu gato* está orientado a todas las personas que deseen conocer a fondo a esta mascota, que siempre ha seducido por su inteligencia y su independencia. Para conocerlos mejor y lograr una convivencia satisfactoria con los felinos, hay que aprender su psicología y maneras de reaccionar, así como los vínculos que establecen con otros gatos, con otros animales y con los seres humanos.

Los orígenes del gato están vinculados a los felinos. En algunas civilizaciones, como la egipcia, los gatos han sido adorados como dioses.

A pesar de poseer un carácter independiente, a los gatos les gusta convivir con los seres humanos.

Además de los aspectos más psicológicos del animal, se dan consejos sobre otros temas como la anatomía, la fisiología, su ciclo vital, los cuidados y cómo educar a nuestro gato.

Orígenes del gato doméstico

EL ACTUAL GATO DOMÉSTICO ES UN ANIMAL QUE PERTENECE A LA FAMILIA DE LOS FELINOS, ENTRE LOS QUE SE ENCUENTRAN DISTINTAS RAZAS DE ANIMALES SALVAJES Y LAS DIFERENTES CLASIFICACIONES DE MASCOTAS DE GATOS. LAS ASOCIACIONES DE GATOS Y LOS ESTUDIOSOS DEL MISMO HAN LLEGADO A REGISTRAR MÁS DE 500 MILLONES DE MIEMBROS DE ESTA ESPECIE DOMÉSTICA, ADEMÁS DE 35 TIPOS DISTINTOS DE LOS DENOMINADOS COMÚNMENTE PRIMOS SALVAJES, COMO EL LEÓN, EL TIGRE, EL LEOPARDO O EL PUMA, ENTRE OTROS. SE TIENE CONSTANCIA, AUNQUE SEA MUY POCO CONOCIDO, DE QUE EL ANIMAL SALVAJE MÁS CERCANO AL GATO DOMÉSTICO ES EL LLAMADO GATO MONTÉS AFRICANO, CONOCIDO CIENTÍFICAMENTE COMO «FELIS SYLVESTRIS LIBYCA».

l gato doméstico es miembro de la gran familia *Felidae*, que es considerada la especie mejor preparada para cazar dentro de los animales carnívoros terrestres. Este tipo de animal, especializado en localizar, capturar y matar a los animales herbívoros, tiene su origen hace unos 65 millones de años.

En aquella época, una serie de familias y de grupos de animales que fueron testigos de la extinción de los dinosaurios evolucionaron en tres ramas principales de tipo de especies: animales parecidos a los mamíferos, herbívoros, y un tercer grupo, llamados creodontos, que desarrollaron el instinto de alimentarse por medio de la caza de los herbívoros e insectívoros.

Por tanto, los creodontos, hace unos 70 millones de años, fueron los primeros mamíferos carnívoros. Estos tenían el cuerpo largo y las extremidades cortas, y los pies estaban provistos de uñas. Además, las mandíbulas de estos animales estaban equipadas con 44 dientes, distribuidos de la siguiente forma: 33 molares, tres incisivos, un colmillo y varios dientes trituradores.

Los creodontos, a pesar de no poseer un cerebro excesivamente perfeccionado, fueron evolucionando dando lugar a un gran número de depredadores mucho más eficaces, algunos de los cuales eran tan grandes como los actuales leones. Al final, la familia de los creodontos se extinguió

hace, aproximadamente, unos 12 millones de años. Sin embargo, antes de que desaparecieran, uno de sus primeros miembros evolucionó en otra raza de animal denominada miácidos, de los cuales se han derivado, o al menos eso es lo que se cree, todos los carnívoros terrestres modernos.

Los miácidos eran animales carnívoros más inteligentes y eficaces que sus progenitores los creodontos. Solían ser pequeños habitantes de las zonas boscosas hace unos 60 millones de años. Estos carnívoros poseían un total de 40 piezas dentales, además de tener cuatro piezas laterales llamadas carnívoras que servían para cortar la carne.

En la época del Pleistoceno medio y superior los felinos gigantes, como leones, leopardos cavernarios o jaguares gigantes, se podían encontrar perfectamente en Europa, China o Norteamérica.

<u>LOS PRIMEROS FELINOS</u> Fue a partir de los animales miácidos cuando empezaron a surgir distintas especies y familias de carnívoros. Una de las primeras en aparecer fue la denominada *Proailurus*, que tenía la anatomía de un zorro y las características de un felino.

Hace unos 12 millones de años empezaron a surgir animales cada vez más parecidos a los actuales felinos, desarrollándose en alguno de ellos caninos exagerados y animales de cierto porte.

Pero, fue en la época del Pleistoceno, hace un millón de años, cuando empiezan a proliferar animales felinos que disponen del llamado diente de sable, es decir, eran carnívoros que cazaban y despiezaban, gracias a sus espectaculares dientes, animales de piel gruesa como elefantes y rinocerontes, o cortaban fácilmente la carne muerta de los cadáveres de los herbívoros muertos.

Los expertos consideran que el primer felino auténtico existe desde hace unos 12 millones de años, dando lugar, seis millones de años más tarde, a multitud de animales, como por ejemplo leones, linces y onzas gigantes. Todos ellos eran felinos que poblaban las selvas y bosques de Europa, Asia y la actual China.

En la época del Pleistoceno medio y superior, hace medio millón de años, los felinos gigantes como leones, leopardos cavernarios o jaguares gigantes se podían encontrar perfectamente en Europa, China o

Norteamérica. Aunque también existían en Europa, sobre todo, felinos más pequeños como el gato montés. De hecho, la gran familia de los felinos llegó a colonizar casi todo el planeta, a excepción de los polos, Australia y algunas pequeñas islas.

LOS PARIENTES CERCANOS DEL GATO DOMÉSTICO

El gato montés de Martelli, extinguido en el Pleistoceno medio,

es considerado como el ancestro más próximo y directo de gato montés actual. Este animal pronto se extendió por Europa, Asia y África dando lugar a distintas razas ligeramente diferenciadas, pero con el mismo origen.

Se considera que el gato montés africano es el descendiente más o menos directo del actual gato doméstico que se tiene como mascota.

El hábitat del gato montés europeo son los territorios de España, Portugal, Francia, Italia, Grecia, la antigua Yugoslavia, República Checa, Eslovaquia, Polonia, Rusia y Escocia, ya que este tipo de felino desapareció en su totalidad de Gran Bretaña a mediados del siglo XIX. El temperamento del gato montés europeo es fiero y misántropo, y los expertos consideran que es poco probable que este animal evolucionase o fuese el ancestro de gato doméstico actual. Además, el gato montés europeo tiende a rehuir del contacto del hombre y es muy difícil de domesticar.

En cuanto al gato montés asiático, se encuentra en la India, Pakistán, Irán y las antiguas repúblicas asiáticas de la ex Unión Soviética. Es un animal que no suele sentir aversión por el contacto con los seres humanos.

Por último, el gato montés africano se encuentra en las colinas de Mallorca, Córcega, Cerdeña, Sicilia, Creta, Marruecos, Túnez e Israel; y suele habitar en todo tipo

La gran familia formada por los felinos llegó a colonizar casi todo el planeta.

de parajes: bosques, matorrales, llanuras o montañas. Al igual que su pariente europeo, el gato montés africano es fundamentalmente nocturno, lo que le permite no ser avistado fácilmente por el ser humano; pero a diferencia de aquel, el africano tiende a vivir cerca de los asentamientos humanos y sus gatitos pueden ser criados y domesticados por el hombre.

El aspecto del gato montés africano es mayor que el del actual doméstico, teniendo además un pelaje que varía dependiendo del hábitat en donde se mueva. El pelo de este animal puede ser sepia pálido en los desiertos o hasta negro carbón en las zonas boscosas y más profundas de la selva. Igualmente, las patas anteriores suelen tener anillos anchos de pelaje más oscuros y la cola suele ser de color negro en su punta.

El gato en la civilización humana

El primer indicio de introducción del gato en la civilización humana se encuentra hace 9.000 años en la zona de Palestina, concretamente en Jericó. Sin embargo, esta primera presencia del felino dentro de una civilización humana no es del todo doméstica. En este caso se trataba de animales salvajes domesticados.

El origen de los verdaderos gatos domésticos, es decir nacidos en domesticidad, no se ha datado con exactitud, pero se puede anotar la cifra, aproximada, de hace 6.000 años.

Según los estudiosos del felino y los arqueólogos, es probable que la primera civilización en domesticar al gato fuesen los

El origen del gato doméstico no se ha datado con exactitud, pero se puede anotar la cifra, aproximada, de hace 6.000 años.

egipcios. No obstante, en ciertos yacimientos de Asia Menor se han encontrado antiquísimas estatuillas que representan a unas mujeres amamantando a unos gatos, lo que demostraría que el felino en esas latitudes y en aquella época no sería exclusivo de Egipto.

Igualmente, antiguas piezas cerámicas peruanas atestiguan que el animal gato doméstico era ya conocido y también venerado entre las poblaciones primitivas de América, anteriores a la civilización Inca.

Existen, por tanto, distintas hipótesis sobre la descendencia original del actual gato doméstico. Una de ellas es que el doméstico provendría del gato montés europeo, especie presente no sólo en el viejo continente sino también en Asia Menor; sin embargo, la línea de investigación más aceptada por los científicos es que el gato doméstico desciende del gato leonado, que es una especie salvaje propia de África central y septentrional.

Después del descubrimiento de la existencia de animales domésticos en Egipto y en Asia Menor, los investigadores también han encontrado restos de gatos domesticados en todo el resto de las regiones del arco mediterráneo y en la India. Esto indica que el gato doméstico desciende de los animales que se asentaron en los países mediterráneos del momento y que posteriormente se cruzaron con felinos procedentes de otras zonas, como los animales procedentes de Asia.

No cabe duda de que el gato doméstico era un animal sagrado y venerado por todos en la civilización egipcia. Los investigadores de esta cultura conocen que el acto de causar la muerte a un gato, aunque fuese de manera involuntaria, suponía un delito mucho más grave incluso que matar a un hombre. Los egipcios eran tan severos sobre este asunto que matar a un gato era castigado con la pena de muerte. Si el animal fallecía por causas naturales dentro de una casa, sus moradores se ponían de luto riguroso y se afeitaban las cejas como símbolo de aflicción; si disponían de los recursos económicos necesarios, los dueños del animal momificaban el cuerpo del felino y lo enterraban en un sarcófago en medio de ritos especiales de enterramiento. Era tan inmensa la veneración por los gatos en el antiguo Egipto, que a finales del siglo XIX se

La línea de investigación más aceptada por los científicos es que el gato doméstico desciende del gato leonado, que es una especie salvaje propia de África central y septentrional.

Los gatos eran muy apreciados en todos los países del Mediterráneo porque preservaban de las ratas las cosechas que eran almacenadas para los periodos más duros.

descubrió un cementerio de gatos con más de 180.000 momias, todas ellas embalsamadas y envueltas en vendas funerarias y enterradas en pequeños ataúdes. Las creencias religiosas de los egipcios en torno al gato doméstico estaban basadas en razones concretas, y estos animales eran muy apreciados en el Mediterráneo porque preservaban de las ratas las cosechas almacenadas para los periodos de sequía.

En cuanto a Europa, el gato fue difundido por los fenicios y sobre todo por los romanos. Ambas civilizaciones consideraban a este animal como símbolo de victoria y solían tener la costumbre de llevarlo con las legiones de soldados, lo que permitió introducirlo con rapidez en todos los rincones del imperio, incluidas las islas británicas.

Los ciudadanos romanos eran amantes del gato porque apreciaban y valoraban mucho el espíritu de independencia y libertad del felino. De igual forma, este animal fue altamente valorado por Mahoma, lo que originó una amplia y rápida expansión del gato por todo el territorio del Islam, regiones tanto asiáticas como africanas.

Las primeras civilizaciones llevaron a cabo desde un primer momento acciones de protección y salvaguardia del felino doméstico. Así, los romanos dictaron severas leyes de mantenimiento del gato durante los siglos precedentes a la nueva era; de igual forma, en todos los confines del Imperio romano de dictaban disposiciones de reconocimiento del gato.

Durante la Edad Media, el gato fue un animal perseguido y castigado, en ocasiones con la muerte, debido, en muchas ocasiones, a la ignorancia y a las absurdas supersticiones que relacionaban al felino con determinados ritos relacionados con el demonio. De hecho, la posesión de un gato en esta época era suficiente para acusar a una persona de brujería y de realizar actos diabólicos. La Edad Media fue la época histórica más negra y oscura para el felino, en donde se torturó y dio muerte a miles de seres humanos y millones de gatos por esta circunstancia seudoreligiosa. Un ejemplo gráfico de ese momento era la quema pública de los animales vivos en las plazas de los pueblos y ciudades el mismo día de Todos los Santos, primero de noviembre.

La eliminación masiva de los felinos en la Edad Media provocó de manera casi inmediata la proliferación de las ratas y resto de roedores en los núcleos urbanos, lo que ocasionó, a su vez, la expansión de la peste y la mortandad de millones de personas. Pero no fue hasta el siglo XIX, cuando el ser

Los romanos apreciaban y valoraban mucho el espíritu de independencia y libertad del felino.

humano no se percató de la utilidad del gato, tanto como animal caza ratones como animal de compañía y mascota. Fue a partir de entonces cuando el conocido felino empezó a proliferar tanto en las ciudades como en el campo, ya sea por su utilidad como por su comportamiento doméstico y acompañante dentro de la vivienda.

Localización biológica del felino

El gato es un animal que tiene un papel biológico muy claro y preciso: es un animal carnívoro que caza y se alimenta de herbívoros. De esta manera, el felino mantiene el equilibrio ecológico de la zona, elimina aquellas presas que son consideradas más débiles e impide o colabora, de alguna forma, junto a otros depredadores en la superpoblación de las especies.

A excepción de Australia, el felino se encuentra o se ha encontrado en algún periodo histórico en todos los continentes. No obstante, debido a la escasez de presas en un determinado momento temporal o a la presencia del hombre en otras ocasiones, el felino ha sido barrido o eliminado en algunos puntos del globo.

El hábitat del felino puede ser múltiple y diverso: sabana, llanuras arenosas abiertas y estepas, bosques, junglas, sierras altas, desiertos y praderas y zonas de matorral. En general, el felino –las distintas variantes de gato montés o montañés, guepardo, jaguar, león, ocelote, lince, tigre y leopardo– se encuentra en África, Asia, América y Europa.

Se sabe, por tanto, cuál es el principal papel del gato o del felino salvaje, pero se desconoce cuál es la labor o utilidad de los más de 500 millones de gatos domésticos existentes en el mundo. La respuesta parece a primera vista sencilla: las principales atribuciones del felino gato como animal doméstico son la de exterminar roedores y la de proporcionar compañía a los seres humanos. A cambio de estas utilidades, el animal recibe por parte del hombre el suficiente sustento, manutención y protección.

El proceso de domesticación

La primera datación de la que se dispone es la del gato montés africano, cuyos restos han sido encontrados y hallados en numerosas cuevas africanas habitadas por los hombres de la Antigüedad. Al parecer, la hipótesis más extendida entre los expertos es que los antepasados humanos africanos cazaron y devoraron a este tipo de felinos, además de criarlos y domesticarlos para el control de las plagas de roedores.

Es hacia el año 3000 antes de Cristo cuando se empieza a tener constancia de

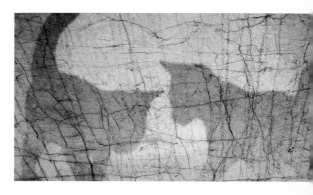

El felino colabora junto a otros depredadores en la superpoblación de las especies.

El gato era muy valioso para los habitantes del antiguo Egipto, donde fueron considerados como dioses.

que cierta raza de gatos de origen montañés era utilizada por los egipcios para proteger los almacenes de grano de los hambrientos roedores del momento. De hecho, este tipo de animal se debió hacer tan valioso para los habitantes del antiguo Egipto que fueron considerados como dioses. En una clara evolución de la especie, el actual gato doméstico proviene, precisamente, de ese primigenio felino doméstico egipcio de pelo corto.

Con el tiempo, los gatos egipcios fueron extendiéndose por el resto de territorios mediterráneos en donde los egipcios tenían comercio. Así, los gatos domésticos de Egipto fueron llevados a la península Itálica por los comerciantes fenicios, estableciéndose en dicha zona durante la época precristiana. Sin embargo, el paso de este nuevo animal doméstico en el continente europeo al resto del territorio fue lento en el tiempo y en el espacio.

Por lo que respecta a los gatos de pelo largo, se considera que el gato doméstico de pelo largo desciende probablemente de los ejemplares de Asia central, de países como Irán o Afganistán.

Por su parte, el concepto de raza no surge entre los felinos gatos hasta mediados del siglo XIX, que es cuando se originan las primeras exposiciones de este tipo de animal. En consecuencia, los denominados gatos de marca o con pedigrí fueron desarrollados por los criadores a partir de las razas domésticas existentes en el momento y que ya existían en el planeta desde hace miles de años.

En la actualidad hay una lista innumerable de tipo de razas de gatos, la cual crece cada cierto tiempo debido a las nuevas aportaciones y a los nuevos descubrimientos de puras razas de gatos.

RAZAS DE GATOS

Al igual que ha sucedido en el caso de otros animales domésticos, el proceso de domesticación del gato ha ido acompañado de numerosas mutaciones que han producido cambios en la coloración y estructura del pelaje, así como en la estructura ósea.

En conjunto, sin embargo, los gatos domésticos a lo largo de los siglos y de su proceso evolutivo no han dado lugar a modificaciones sustanciales en su morfología, debido principalmente a que el gato siempre o casi siempre ha sido destinado a la acción de cazar ratas y roedores, lo que ha impedido en cierta

forma que se desarrollaran ciertas funciones del animal que pudiesen dar lugar a animales sensiblemente diferentes de su original, como ha sucedido, por ejemplo, con los perros o con los animales destinados a la producción de carne y leche.

Fue en el siglo XIX cuando se inició la cría experimental de gatos a fin de obtener ejemplares que pudiesen ser exhibidos en concursos y certámenes. Actualmente, este tipo de cría, considerada deportiva, se encuentra muy extendida por muchos países del planeta.

Al contrario de lo que sucede con otros animales, la cría selectiva del gato de raza no es llevada a cabo por profesionales, sino que son los aficionados a este animal los que se encargan de perpetuar la especie en el mundo, organizados, la mayoría de las veces, en torno a asociaciones especializadas o entes felinos.

Según las distintas clasificaciones de razas de gatos en el mundo, existen en el planeta más de un centenar de razas y variedades del gato doméstico de raza. En principio, existen diversas y distintas clasificaciones, siendo las más extendidas las siguientes:

• Primera clasificación de gatos de raza: de pelo corto, como el Europeo Común, el Siamés, el Abisinio, el Birmano, el Azul Ruso, el Scottish Fold o el Mau Egipcio; pelo largo, como el gato de Angora, el Persa, o el Persa Pequinés; de pelo semilargo, como el Turco, el gato de los Bosques Noruegos, el Balinés o el Somalí; y sin pelo, como el Gato Desnudo.

• Segunda clasificación de gatos de raza: Persas, otros gatos de pelo largo, British American Shothair y Extranjero.

Hoy en día, las asociaciones nacionales y territoriales de cada país suelen editar los estándares y características principales de cada raza en cuestión.

Sin embargo, la clasificación más común del felino es gatos de pelo largo y corto.

• Gatos de pelo largo: Originariamente, los gatos domésticos europeos eran todos de pelo corto. Según esta premisa, la pregunta

El felino de pelo corto es el tipo más común de gato doméstico y salvaje.

a considerar es cómo entró en escena el gato de pelo largo. Para contestar a esta pregunta hay distintas hipótesis: por un lado se encuentran los que creen que el gato de pelo largo proviene del conocido gato montés europeo, que posee un pelaje semilargo; otra posibilidad es que este tipo de animales de pelo largo se desarrollasen en lugares fríos del continente europeo y, sobre todo, asiático; y una tercera respuesta es que surgieran a consecuencia de una mutación espontánea que permaneció en el tiempo.

Los gatos de pelo largo fueron llevados a Europa a finales del siglo XVI por un viajero italiano llamado Pietro della Valle desde Asia Menor. Hoy en día, los gatos de pelaje largo son descendientes directos de gatos procedentes de Gran Bretaña que a su vez vinieron de Turquía y Persia a finales del siglo XIX.

La mayoría de los gatos de pelo largo son conocidos como del tipo Persa. Es decir,

todos ellos poseen un cuerpo robusto y redondeado, unas patas cortas y gruesas, una nariz corta y unos ojos grandes y circulares. Otra de las características de este tipo de felino es que posee un pelaje que es excepcionalmente profuso. De hecho, el pelaje de los gatos persas tiene dos características: tiene una capa interna larga, suave y lanosa y unos pelos protectores algo más largos y ásperos que miden unos 12 centímetros.

El gato persa se presenta en una amplia gama de colores y dibujos: desde la pureza del blanco al azabache intenso del negro.

Dentro de la raza de gatos persas de pelo largo hay diferentes tipos de subgrupos o subrazas, con diferencias de pelaje y de largura del mismo.

Una de las ventajas del gato persa es su abundante pelaje, que le proporciona una sensación e imagen de majestuosidad y belleza; sin embargo, el persa posee una gran desventaja con su pelo, ya que la mayoría de los gatos de pelo largo mudan de pelo durante todo el año, por lo que precisan ser aseados con cierta regularidad para evitar que el pelaje se enrede.

• Gatos de pelo corto: el felino de pelo corto es, con mucho, el tipo más común de gato doméstico y salvaje. La principal razón de ello es que los genes de pelo corto son dominantes sobre el pelo largo, además de ser mucho más práctico y útil que el pelo largo.

El gato doméstico de pelo corto existe desde hace milenios, sin embargo las conocidas razas con pedigrí no surgen en el mundo occidental hasta finales del siglo XIX en Gran Bretaña.

Dentro de los gatos de pelo corto de raza, éstos se pueden dividir en tres tipos básicos: British, American Shorthair y Extranjero.

• El British es un gato robusto y sano de pelo fuerte y musculoso que se sustenta sobre unas patas cortas. El pelaje que posee el British es un pelaje denso y corto. Además, las características de este tipo de animal son cabeza ancha y redondeada, nariz corta y recta, y ojos grandes y redondeados. El gato de pelo corto British existe en una gran variedad de colores y dibujos: desde los unicolores negros al blanco puro, y desde el humo azul al color plata.

• El American Shorthair es originario de los gatos europeos de pelo corto que fueron llevados a América por los primeros colonos y que se desarrollaron paralelamente dando lugar a un linaje de gatos algo diferentes. En este caso, los American son animales más grandes y poseen unas patas algo más largas, con una cabeza más ovalada, con morro cuadrado, nariz de longitud media y ojos grandes y redondos. Al igual que sucede con el British, esta raza americana existe en una gran gama de colores y dibujos.

• Los gatos de pelo corto conocidos como los Extranjeros tienen un aspecto bastante distinto a los redondeados y robustos British o American Shorthairs. El Extranjero posee una cabeza cuneiforme, tiene ojos rasgados, orejas grandes y puntiagudas, cuerpo enjuto y esbelto, patas largas, y un pelaje fino y corto. En este tipo de raza se incluye una variedad amplia de animales de raza de pelo corto, como por ejemplo el Siamés, el Sphynx, o el Abisinio.

A diferencia de los animales felinos de pelo largo, el pelaje corto, tal como sucede en los animales descritos con anterioridad, posee unas características propias y ventajosas:

• El pelo corto es fácil de cuidar.

• Es más sencillo de limpiar.

• No se enreda.

• Es menos probable que se formen bolas y que bloquee el sistema digestivo del animal, en el supuesto de que se trague alguna de ellas.

• Es más ventajoso para la salud, ya que las heridas que pueda tener el animal se curan mucho más rápidamente y los parásitos son mucho menor que en el caso del gato de pelo largo.

• El gato de pelo corto se cuida por sí mismo, al contrario de lo que sucede con uno de pelaje largo, que hay que asearlo de forma rutinaria y habitualmente.

Es posible que este tipo de felinos de pelo largo provengan de lugares fríos.

Anatomía y morfología del gato

EL GATO ES FUNDAMENTALMENTE UN ANIMAL
DEPREDADOR, POR ELLO SU CUERPO ES A LA VEZ
ATLÉTICO, ELEGANTE Y BELLO, HABIENDO
EVOLUCIONADO Y DESARROLLADO SU MORFOLOGÍA
HACIA ESA FUNCIÓN DE LA CAZA. EL FELINO POSEE UN
ESTRUCTURADO ESQUELETO, UNA PODEROSA
MUSCULATURA, UN CORTO SISTEMA DIGESTIVO, UNOS
AGUDOS SENTIDOS Y UNOS FINOS DIENTES, TAL COMO
SUCEDE EN EL RESTO DE ANIMALES CARNÍVOROS.
A TODAS ESTAS CARACTERÍSTICAS SE DEBE UNIR
INSEPARABLEMENTE SU IMPORTANTE PELAJE, QUE
ESTÁ DISEÑADO, EVIDENTEMENTE, PARA MANTENERLE
CALIENTE Y SECO MIENTRAS CAZA EN EL EXTERIOR. AL
MISMO TIEMPO, EL COLOR DE SU PELAJE LE PERMITE
CAMUFLARSE Y HACERSE INVISIBLE ANTE SUS
POSIBLES PRESAS.

Al igual que sucede con el ser humano, el gato es un mamífero, por lo que tanto el hombre como el gato comparten ciertas características comunes, tales como el esqueleto, los órganos y los tejidos comunes, los músculos y el sistema circulatorio. Sin embargo, la gran diferencia que separa al hombre del gato es que mientras el ser humano es omnívoro, el gato es un animal carnívoro y posee las modificaciones esenciales y precisas de un cazador.

• **Los órganos internos.** Éstos son el corazón, los pulmones y los riñones, y funcionan de manera parecida a la del resto de los mamíferos.

• **El cerebro.** El gato, como animal cazador que es, tiene asociados al cerebro todos los sentidos que le permiten mantenerse alerta y vigilante en todo momento y situación. No obstante, el lóbulo central, es decir, la parte frontal donde se asienta la inteligencia es mucho más simple que en otros animales o que en el humano.

• **El aparato digestivo.** El animal gato es uno de los carnívoros más perfeccionados, tal es así que su tubo digestivo está diseñado para comer solo carne, con una longitud menor que el resto de los omnívoros. Sin embargo, los intestinos del gato doméstico son mucho más largos que los de sus parientes salvajes, debido fundamentalmente a una dieta más variada y mucho menos carnívora que en el supuesto del animal salvaje.

• **El esqueleto.** Además del tamaño, el diseño del esqueleto ha sido adaptado a las funciones particulares y especiales del animal. Las principales diferencias entre el

El gato es un animal cazador que posee un estructurado esqueleto, una poderosa musculatura y unos agudos sentidos.

esqueleto del gato y el del ser humano es que en el animal gato la columna vertebral contiene más huesos que la del hombre, debido en parte a la cola del felino, lo que le proporciona un mejor arqueo y flexibilidad; en segundo lugar, el gato carece de clavícula, en lugar de ella el animal posee un tejido clavicular enterrado dentro de los músculos pectorales, gracias a ello el gato puede pasar por agujeros pequeños y limitar la longitud de los saltos.

• **La cabeza.** El gato posee una cabeza de cazador, con boca fuerte y grande, orejas eficientes, y ojos adaptados a la oscuridad. Los dientes del animal son los de un carnívoro, es decir, el gato posee unos grandes caninos o colmillos para morder y unos molares en forma de hoja de cuchillo adaptados a desgarrar carne. Para que el mordisco del gato sea fuerte, el animal tiene unas mandíbulas cortas y fuertes gracias a los potentes músculos de la zona. El diseño del cráneo también incluye un espacio dedicado a los amplios músculos de la mandíbula y el cuello, y a la introducción de unos arcos óseos reforzados que sirven para fortalecer los puntos del cráneo que pueden sufrir tensiones cuando el animal muerde algo. La cabeza del gato también alberga, a su vez, un oído muy bien desarrollado, gracias al cual percibe las voces de los pequeños roedores y de los pájaros.

EL ESQUELETO
El esqueleto del gato doméstico es mucho más flexible que el del ser humano, debido, principalmente, a que las vértebras de la columna se encuentran unidas de una manera más laxa, son más numerosas y la clavícula es más diminuta que la del hombre.

En lo que respecta a la musculatura del animal, ésta es desarrollada y elástica, complementando de esta forma el esqueleto flexible de cazador del gato y proporcionando una potencia ajustada y necesaria para realizar todos los movimientos que precisa. En este sentido, el gato posee unas poderosas mandíbulas, y unos músculos en las patas y en el dorso robustos. Al igual que sucede en el caso del gato salvaje, el animal doméstico utiliza cuando anda la mínima energía tanto en el

ESQUELETO DEL GATO

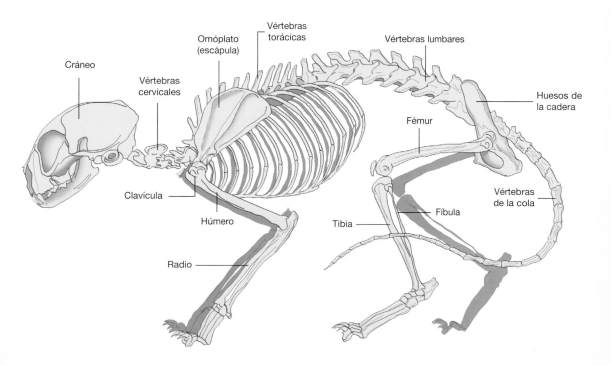

Cráneo

Vértebras cervicales

Omóplato (escápula)

Vértebras torácicas

Vértebras lumbares

Huesos de la cadera

Fémur

Clavícula

Húmero

Radio

Tibia

Fíbula

Vértebras de la cola

El paso del felino suele ser en diagonal, con una pata delantera seguida siempre por la pata trasera opuesta. Su centro de gravedad está más cerca de la cabeza que de la cola.

esqueleto como en los músculos, conservando toda su fuerza para los intensos momentos de la persecución y la caza.

A diferencia de los canes, el gato es un animal mucho más uniforme en forma y en tamaño. No obstante, existen tres variantes básicas en la forma del cuerpo del gato: el rechoncho de cara aplanada, el musculoso y el delgado de cara delgada.

El tipo rechoncho es aquel animal que posee una estructura sólida, con patas cortas y gruesas, hombros y grupa anchos, y cabeza corta y redondeada. El gato musculoso es el que posee patas de longitud media, hombros y grupa ni anchos ni estrechos, y cabeza mediana y algo redondeada. Por su parte, el tipo enjuto es un gato de complexión ligera, con patas largas y delgadas, hombros y grupa estrechos y cabeza larga, estrecha y cuneiforme.

El peso medio de un gato oscila entre 2,75 y 5,5 kg. Sin embargo, pueden existir perfectamente ejemplares muy pesados. Por regla general, el peso máximo de un gato doméstico no sobrepasa los 18 kg.

SECUENCIA DEL SALTO DE UN GATO

A diferencia de los seres humanos, los gatos suelen estar en forma sin tener necesidad de entrenarse habitualmente. En este sentido, se entiende que los estiramientos que realizan a diario les proporcionan todo el ejercicio físico necesario para mantenerse en forma y preparados para la lucha y la caza.

No obstante, la falta de ejercicio convencional y la sobrealimentación pueden volver a un gato obeso. De ser así, se debe tener en cuenta que este sobrepeso del animal no influye de manera alguna en la salud del gato o en la esperanza de vida del animal.

EL MOVIMIENTO DEL GATO Como
animal cazador que es, el gato debe ser rápido, ágil y silencioso. Por ello, el desarrollo del esqueleto, los músculos y del resto de sus miembros debe ser homogéneo y en relación con su función de cazador.

• **Andar.** La manera de andar del gato combina, por un lado, la máxima economía de esfuerzos con el mínimo gasto energético. El paso del felino suele ser, básicamente, en diagonal, con una pata delantera seguida siempre por la pata trasera opuesta. Con este movimiento andarín, el gato desplaza primero la pata trasera izquierda, después la

delantera derecha, a continuación la trasera derecha, y por último la delantera izquierda. El centro de gravedad, según este esquema, se sitúa más cerca de la cabeza que de la cola; las patas anteriores soportan más el peso del animal, y las traseras llevan a cabo una mayor propulsión y empuje del gato.

• **Correr.** Como animal corredor, el felino es un auténtico especialista en distancias cortas a gran velocidad. Cuando corre, las patas del gato no se extienden y luego se depositan en el suelo, sino que éstas son extendidas por completo en el aire y, a continuación, son llevadas hacia abajo y hacia atrás con una gran velocidad. De hecho, el extremo posterior de la columna vertebral, que es altamente flexible, se sigue moviendo hacia delante, incluso cuando las patas anteriores se encuentran sobre el suelo. De esta manera, el animal se desplaza mucho más deprisa estirando completamente el tronco y alargando su zancada, en lugar de tocar más veces los pies con el suelo. Una vez que el gato aumenta la velocidad, las zarpas derechas e izquierdas se solapan según van aterrizando y posándose en el suelo. Con este estilo de correr, el felino mantiene ciclos constantes de ejercicio coordinado, tanto en las patas como en el movimiento, al tiempo que aumenta la

MÚSCULOS DE GATO

Los gatos tienen unos 500 músculos que facilitan la gran flexibilidad de su cuerpo. Los músculos posteriores son los más potentes porque son los que facilitan los saltos. Los músculos de la mandíbula son también muy fuertes porque los utilizan para cazar.

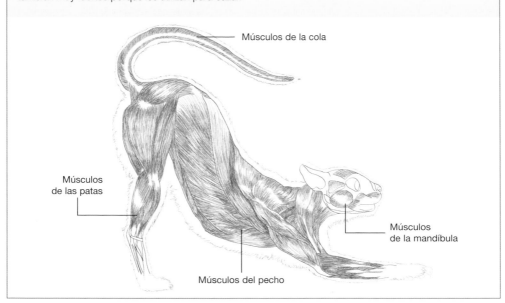

Músculos de la cola

Músculos de las patas

Músculos de la mandíbula

Músculos del pecho

distancia recorrida en cada ciclo que efectúa. Normalmente, los gatos domésticos suelen cubrir unas tres veces su propia longitud por ciclo de empuje, es decir, suelen mantener una velocidad de unos 49 kilómetros por hora; sin embargo, el guepardo, por citar al felino más veloz de la tierra, alcanza una velocidad punta de hasta 112 kilómetros por hora.

• **Trepar.** El gato puede trepar gracias a la fortaleza de los músculos dorsales, a sus patas traseras y a las uñas curvadas. Lo habitual es que el animal gane primeramente

El gato posee una gran fuerza para saltar gracias a los poderosos músculos de los cuartos traseros.

altura con un salto. No obstante, una vez que el animal se encuentra arriba, en un alto, éste no suele estar muy bien equipado para realizar el proceso inverso, es decir, para bajar, ya que sus uñas se encuentran curvadas en sentido contrario y no puede utilizar su musculatura de los cuartos traseros para sostener hacia atrás todo el peso del cuerpo. Por esta razón, el gato tiene severas dificultades para bajar, por ejemplo, de los árboles; descenso que realizará hacia atrás, agarrándose al tronco con las uñas, y dando pequeños pasos con las patas traseras.

• **Saltar.** Al igual que sucede al trepar, el gato posee una gran fuerza para saltar gracias a los poderosos músculos de los cuartos traseros. El proceso de salto es el siguiente: en primer lugar, el animal se agazapa ladeando la pelvis hacia atrás y doblando las tres articulaciones de la cadera, la rodilla y el tobillo. Cuando las articulaciones se contraen, éstas se vuelven a extender rápidamente, propulsando así el cuerpo del felino velozmente hacia delante.

• **Diseño de las patas.** Los huesos de las patas del gato son muy semejantes a los de los seres humanos. En la mayoría de los mamíferos, los segmentos de las extremidades son de longitud

decreciente, siendo los más largos aquellos que se encuentran más cercanos al tronco; sin embargo, en los animales que corren ocurre exactamente lo contrario, es decir, los pies son más largos y los huesos cercanos al pecho son más cortos. Al gato le sucede precisamente esta circunstancia.

• **Las extremidades.** A diferencia del ser humano, el gato es un animal cuadrúpedo. Es por ello, y por su estrecho pecho y su falta de clavícula, por lo que las patas del gato pueden girar libremente y realizar pasos más largos.

• **Los pies.** Los pies de los gatos son digitigrados, es decir, que solo apoya los dedos cuando camina. En el caso del hombre, el peso del cuerpo es soportado por una serie de huesos que están colocados sobre el suelo, como sucede con las manos y los dedos humanos; sin embargo, en el supuesto del felino, éste anda sobre las puntas de los dedos. Además, los pies de los gatos están sometidos a alturas elevadas y a altas velocidades; por ello, los huesos se encuentran unidos por ligamentos, y

El felino es un animal cuadrúpedo que no tiene clavícula, por lo que sus patas pueden girar libremente.

UÑA RETRÁCTIL

En estado normal el gato mantiene la uña retraída para poder desplazarse silenciosamente y sin hacerse daño. Las uñas del gato están unidas en el último hueso de cada dedo y gracias a los ligamentos se mantienen retraídas bajo la piel. Los músculos de los dedos permiten girar los huesos y la uña hacia delante en caso de ser necesarios en la defensa, la caza o la escalada.

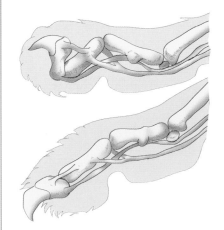

los tobillos y las muñecas de los mismos tienen una disposición que limita los movimientos laterales. Las almohadillas de los pies están hechas, a su vez, de una especie de piel modificada que está recubierta por un denso cojín que proporciona al animal una tersura mucho más dura que si fuesen de piel normal. La función de las almohadillas es triple: absorber los choques, mantener una firme sujeción entre los huesos y los dedos y hacer frenar al animal.

LOS DIENTES

Las funciones principales de los dientes del gato son matar a la presa y desgarrarla. La manera clásica de matar de los felinos es usar los caninos o colmillos para romper el cuello de la víctima e insertar los dientes dentro del espacio existente entre las dos vértebras cervicales, al tiempo que separan los huesos. El gato sabe perfectamente si ha ejecutado el movimiento de matar con precisión o no e, incluso, puede llegar a sentir con los dientes las terminaciones nerviosas de la presa. El objeto principal del gato doméstico es, sin lugar a dudas, los ratones y roedores que existen en la casa o en las zonas próximas al recinto donde habita.

Los dientes del gato son, en esencia, bastante parecidos a los del ser humano en cuanto a su composición; es decir, tienen dentina y esmalte. Sin embargo, las formas y las funciones de unos y otros difieren sustancialmente, debido a que la boca del gato está diseñada para comer carne y la del hombre está preparada para alimentarse con una dieta omnívora.

Los dientes molares del felino son utilizados para cortar, no pudiendo masticar con ellos. Los dientes carniceros, que son los últimos premolares del maxilar superior y el primer molar del maxilar inferior, se encuentran adaptados para cortar la carne.

No cabe duda de que la dentadura del gato doméstico está perfectamente preparada y diseñada para su especial hábito alimenticio: para comer carne.

EL EQUILIBRIO DEL GATO Es

indudable que los gatos poseen un sentido del equilibrio mucho mejor y superior que el del ser humano. La razón de ello es que los mensajes nerviosos que provienen de los ojos y van a las articulaciones y los músculos viajan a una velocidad muy rápida. Además de esta importante apreciación, la cola del gato es utilizada por el felino como elemento equilibrista, por ejemplo, cuando el animal está andando sobre una pared, posicionará la cola en el sentido contrario a la marcha, de esta manera desplazará el centro de gravedad y evitará la caída. De igual forma, la cola también es utilizada como contrapeso para cambiar y variar la dirección durante la carrera.

El mayor ejercicio de equilibrismo del gato es cuando éste cae desde una altura considerable. Lo cierto es que en estas ocasiones, el animal puede llegar a caer desde una gran altura sin llegar a herirse, ya que la mayoría de las veces, el reflejo del animal para darse la vuelta le permite siempre aterrizar sobre sus pies. Pero, ¿cómo es el reflejo del animal para darse la vuelta? Cuando el gato cae desde una altura

LA CAÍDA DE UN GATO

Cuando un gato cae al suelo desde una altura considerable, su propio cuerpo reacciona fijando la mirada en el suelo y girando todo el cuerpo. De esta forma, lo primero que toque el suelo serán las patas y no la cabeza. Pero si la altura es de varios pisos, es difícil que el gato sobreviva.

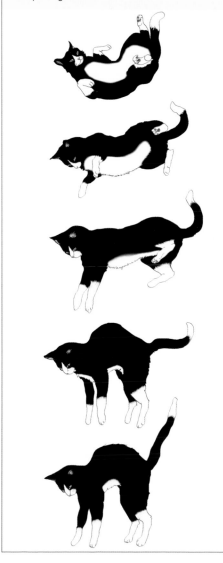

importante, tanto los ojos como el aparato vestibular, que es un complejo órgano del oído interno, se activan y provocan que el felino aterrice sobre sus pies. Ambos órganos, ojos y aparato vestibular, transmiten información al cerebro del animal sobre la posición de la cabeza en relación con el suelo. Cuando el gato cambia de posición o se encuentra en caída libre, el ojo y el líquido del interior del órgano vestibular se ven afectados y reaccionan por medio de

EL PELAJE DEL GATO La principal característica del pelaje del gato es aislar al animal frente al frío, el calor y la humedad.

La cría selectiva de animales a partir de las distintas mutaciones y variantes existentes ha propiciado una amplia gama de colores dentro del pelaje de los gatos domésticos con pedigrí, a diferencia de los conocidos gatos salvajes o de monte.

Dentro del pelaje del animal, se distinguen dos elementos básicos: el dibujo

La principal función del pelaje del gato es aislar al animal frente al frío, el calor y la humedad.

diferentes órdenes al cerebro. Es entonces cuando el cerebro, en fracciones de segundo, recibe la señal y ordena rectificar la posición para que el cuerpo se ponga perpendicular al suelo. De esta manera, el animal se alinea con el resto del cuerpo y aterriza sin problemas sobre el suelo.

y el color. En ambos casos, estas dos características eran distintivas de los felinos salvajes con el propósito de poder camuflarse ante sus presas. Igualmente, una función secundaria tanto del color como de las marcas del animal es la señalización. Por ejemplo, las marcas de alrededor de la cara

EL OJO DE UN GATO Y REACCIÓN DE LAS PUPILAS A LA LUZ

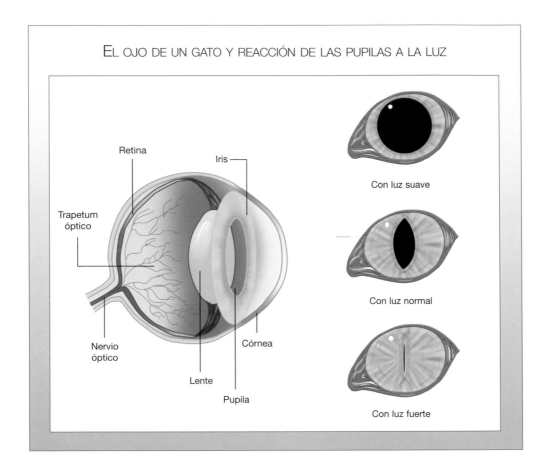

Retina

Iris

Con luz suave

Trapetum óptico

Con luz normal

Nervio óptico

Córnea

Lente

Pupila

Con luz fuerte

del gato tienden a enfatizar la expresión de la boca, de los ojos y de las orejas; las líneas oscuras alrededor de la boca aumentan la amenaza del rugido del animal; y las marcas en la punta de la cola de la madre guían a los cachorros en la dirección que desea la gata.

También, el hábitat y el entorno en donde se desarrolla el animal afectan al pelaje del felino. Así, la tendencia de un mayor o menor tamaño y largura del pelo viene determinada por la temperatura y espesura del contexto natural; por ejemplo, en regiones más frías y montañosas, el pelo tenderá a ser más largo y espeso, y viceversa, es decir, en territorios donde el clima sea seco y abierto, el pelo del gato será corto y fino.

LOS OJOS DEL GATO A pesar de que los órganos internos del gato no difieren mucho de los de los demás mamíferos, lo cierto es que el felino tiene más desarrollados y especializados los órganos de los sentidos. En consecuencia, los ojos del gato le permiten ver más, tener un mayor campo de visión y ver en la oscuridad.

El gato es un animal que no puede ver mucho mejor que el hombre si la oscuridad es total, sin embargo sus ojos se encuentran perfectamente adaptados a cantidades muy pequeñas de luz, situación que no sucede en el caso del ser humano o del resto de mamíferos.

La retina del felino no es mucho más grande que la del hombre, pero recibe mucha más luz que la del humano debido a que la córnea, el diámetro de la pupila y el cristalino son mucho más grandes.

Otra de las ventajas del gato es que el globo ocular es más redondo y corto que el del humano, lo que le confiere un mayor ángulo de visión.

Por todas estas razones, la visión nocturna del gato es mayor y de mejor calidad que la del hombre. Además, los seres humanos carecen de un mecanismo de conservación de la luz o del haz de luz, que en los felinos sí que está desarrollado. Por ello, se suele decir vulgarmente que el gato ve en la oscuridad, aunque no sea del todo cierto al cien por cien.

El ojo del gato viene a funcionar de una manera parecida a la de una cámara fotográfica, es decir, la luz pasa a través de una cobertura móvil, que es el agujero que se encuentra entre la pupila y el iris, controlando la cantidad de luz que entra y enfocando los objetos o personas que descubre. En la cámara gatuna, la lente se mueve hacia atrás y hacia delante y enfoca, gracias al cristalino, los elementos que desea ver. Una vez que ha entrado la luz en el ojo del gato, éste manda impulsos informativos al cerebro por medio del nervio óptico.

Igualmente, las pupilas rasgadas del animal permiten al gato proteger la retina de la luz intensa o fuerte. Así, cuando la pupila está contraída al máximo, el gato sólo tendrá que cerrar completamente el ojo en su parte central y dejar un pequeño orificio en cada extremo para poder seguir viendo perfectamente.

La visión nocturna del gato es mayor y de mejor calidad que la del hombre, porque tienen más desarrollado un mecanismo de conservación del haz de luz.

El campo de visión del gato es también mucho mayor que el del humano. El hombre tiene un campo visual de 210 grados, mientras que el campo de visión del gato aumenta hasta 285 grados. Además, el felino dispone de visión binocular, lo que le permite poder juzgar las diferentes distancias hasta los objetos.

En cuanto a la distinción de los colores por parte del ojo del gato, se sabe que el felino puede distinguir perfectamente los colores, aunque se cree, según distintos estudios científicos, que el gato no presta una atención especial a los colores, debido a que éstos no les parece importantes.

LOS OÍDOS Para un animal cazador, tan importante es el sentido visual como el auditivo, y en este sentido el gato dispone de un complejo y preciso oído que detecta el más mínimo movimiento. Al igual que sucede con el oído humano, el felino puede llegar a localizar y distinguir un sonido de otro con una precisión del 75%, siempre y cuando ambos ruidos se produzcan dentro de un ángulo de 5°. Tal y como sucede igualmente en el oído humano, el gato utiliza la forma del pabellón auditivo para captar las leves diferencias de sonido y para detectar el origen y emisión del mismo.

Además, el cráneo del gato contiene dos grandes cámaras de eco que le confieren al animal un gran sentido de la sensibilidad en ciertas frecuencias, tal y como sucede con los sonidos agudos que emiten las pequeñas presas que captura. En este sentido, el oído del gato es mucho más eficaz que el sistema auditivo humano en las denominadas altas frecuencias.

La sensibilidad del oído gatuno disminuye con el tiempo y la edad. En esta línea, se sabe que el proceso de pérdida de oído puede llegar a empezar, incluso, a la corta edad de los tres años, siendo más acusado cuando el gato ya tiene cuatro años y medio o cinco años de edad.

EL OLFATO Y EL GUSTO A mayor número de terminaciones nerviosas en la nariz del animal, mayor capacidad de recepción y precisión de olores. Así, en el caso del felino, el gato posee una media de 19 millones de terminaciones nerviosas,

El gato posee una media de 19 millones de terminaciones nerviosas en la nariz.

El felino suele rechazar rápida e instintivamente aquellos alimentos que son rancios o que están pasados en el tiempo.

cantidad que se sitúa a medio camino entre la capacidad olfativa de un perro y la del humano. Un perro, por ejemplo, dispone de más 100 millones de terminaciones y el hombre no sobrepasa los cinco millones.

Sin embargo, la nariz del gato es altamente sensible a los componentes nitrogenados, por eso el felino suele rechazar rápidamente aquellos alimentos que son rancios o que están pasados en el tiempo, ya que éstos suelen liberar ciertos componentes químicos ricos en nitrógeno.

En cuanto al gusto, los gatos suelen ser mucho más caprichosos con la comida que los perros, por ejemplo, y mucho más dispuestos a compartir la dieta humana,

Los gatos no disponen en sus papilas gustativas de receptores de sabor dulce, como sucede en los perros.

incluidos los dulces, ya que los gatos no disponen en sus papilas gustativas de receptores de sabor dulce como sucede en los perros. Esta leve diferencia se cree que se debe a que el felino es un animal carnívoro.

Respecto a la lengua, la superficie de la misma es rasposa y está formada por cientos de pequeñas protuberancias, denominadas papilas, que están orientadas hacia atrás. En principio, estas papilas no tienen una función claramente gustativa, sino meramente de aseo o de apoyo para desprender la carne de los huesos. La lengua del gato es larga y flexible, encontrándose las papilas abrasivas en el centro de la misma y las gustativas en la punta de la lengua, en los laterales y en la base.

La mueca es otra de las características del gato. Muchos animales carnívoros, entre los que se encuentra el gato, realizan una extraña mueca que consiste en arrugar la nariz y fruncir los labios. Los expertos

consideran que el animal realiza este gesto cuando su olfato está en contacto con algún producto químico procedente de determinados olores, como esencias sexuales u otros.

OTRAS CARACTERÍSTICAS DEL GATO

Otras de las características y de los rasgos especiales del gato están directamente relacionados con el papel del animal como cazador y carnívoro, como sucede con las glándulas epiteliales, la garganta, los intestinos, las almohadillas o los bigotes.

• **Las glándulas epiteliales.** Existen tres tipos de glándulas, las sebáceas, las ecrinas y las apocrinas. Las primeras de ellas segregan en el animal una especie de grasa que sirve para proteger los pelos y pelaje del felino; las glándulas ecrinas son aquellas que producen sudor y que en el caso del gato sólo existen en las almohadillas de los pies, al contrario de las glándulas ecrinas del hombre que se encuentran por todo el cuerpo; y por último, el gato posee las glándulas apocrinas que segregan un líquido lechoso por todo el cuerpo y que sirven para producir un olor que es utilizado como

Se cree que los bigotes de los gatos tienen una relación directa con el tacto del animal.

señal, es decir, el gato marca su territorio frotándose con los objetos y con las cosas e impregnándolas con esta secreción de líquido lechoso.

• **El sudor de los gatos.** Al poseer muy pocas glándulas ecrinas, el gato apenas llega a sudar y a traspirar, por eso, normalmente, este tipo de animales suele tener problemas de enfriamiento cuando llega el calor o habitan en una zona cálida. En estos casos, el gato suele jadear.

• **La garganta.** Toda la pared de la garganta de los gatos contiene músculos capaces de facilitar la regurgitación de alimentos en

El gato mantiene la uña retraída para poder desplazarse silenciosamente y sin hacerse daño.

exceso o inadecuados. Esta capacidad del felino es utilizada por éste cuando quiere rechazar alimento procedente de cadáveres o para llevar alimento a la camada. En el caso del hombre, por ejemplo, este tipo de músculos sólo se encuentra en la parte superior del esófago, por lo que es francamente difícil vomitar de manera voluntaria.

• **Los intestinos.** Los intestinos del gato son cuatro veces más largos que su cuerpo. Esta situación puede ser debida a que la dieta del gato se ha adaptado a la alimentación humana.

• **La almohadilla carpiana.** La almohadilla carpiana es aquella que se encuentra por detrás y por encima de las demás

El felino tiene una capacidad extraordinaria para evitar accidentes y dificultades. De todas formas, es científicamente imposible que el gato tenga siete vidas.

almohadillas de los pies, pero que curiosamente no entra en contacto con el suelo, es decir, la almohadilla carpiana no forma parte de la locomoción normal del animal, sin embargo se sospecha que esta almohadilla independiente tiene una función antideslizante en el salto.

• **Los bigotes.** Los gatos disponen de una serie de pelos especializados en la cara, cuya función todavía hoy en día no está muy clara. Los estudiosos del gato adelantan que dichos bigotes deben tener una relación directa con el tacto del animal, actuando como antenas muy sensibles en los espacios oscuros. Igualmente, también se cree que el gato puede llegar a doblar algunos o todos los pelos del bigote hacia abajo cuando salta o se desplaza por la noche para guiarse en el brinco o en la oscuridad.

• **Esperanza de vida del gato.** El promedio de vida del gato es de unos 15 años. Aunque no es raro encontrarse con ejemplares que superan con creces esa cifra, lo cierto es que son pocos los gatos que alcanzan los 20 años de edad. Tampoco se puede establecer una relación directa entre los distintos periodos de edad ni una correlación con la edad del ser humano; en este sentido, la práctica de multiplicar la edad del gato por siete y afirmar que ésa sería la edad exacta del animal no es ni con mucho satisfactoria. Para establecer una correlación más o menos exacta respecto a la edad del gato con el hombre, se debería seguir la siguiente tabla: 1 año del gato equivaldría a 16 de humano, 2 a 24, 3 a 28, 4 a 32, 8 a 48, 12 a 64, 15 a 76, y 20 a 96 años.

• **El mito de las siete vidas.** A menudo se oye decir que los gatos tienen siete vidas, sin embargo esa aseveración es técnica y médicamente imposible. Lo que sí es cierto es que el gato tiene cierta tendencia al apego a la vida, es decir, el gato tiene una capacidad extraordinaria para evitar accidentes y dificultades que en el caso de otros animales no ocurre.

Así, en comparación con el perro, por ejemplo, el gato vive una existencia mucho menos accidentada que el can, aunque seguramente esta circunstancia sea debida a que el gato puede saltar fácilmente, darse la vuelta sin problemas y caer siempre o casi siempre de pie sobre el suelo firme.

• **El ronroneo.** Es una característica única y exclusiva del gato, que habitualmente es interpretada como un signo de comunicación. Sin embargo, el ronroneo del gato no es una voz que surge de la laringe del animal, sino que es algo mucho más complejo y en ocasiones misterioso que todo eso. Los expertos consideran que el ronroneo es producido por la vibración de la sangre en una vena situada en la caja torácica del animal. La argumentación científica de dicho ronroneo sería que cuando la vena pasa a través del diafragma y los músculos de alrededor del diafragma se contraen se produce el sonido de ronronear, ya que la vena queda pellizcada por los músculos y provoca oscilaciones en el flujo sanguíneo. El ronroneo como tal no es solamente un fenómeno auditivo, sino que también desprende una vibración.

Comportamiento y temperamento felinos

No cabe duda de que el hecho de conocer el comportamiento del gato puede contribuir positivamente a que el propietario del mismo disfrute más y mejor de él, en tanto que la comprensión de la psicología básica del animal puede servir de ayuda tanto al propio entrenamiento del mismo como a una mejor cohabitación y colaboración entre ambos.

Debido a su gran capacidad de desarrollo cerebral, el gato doméstico da lugar, en ocasiones, a complicadas pautas de comportamiento y de interrelación, algunas de las cuales son típicas y tópicas de todos los mamíferos, pero sin embargo otras son exclusivas y específicas del gato.

Dentro del comportamiento felino se incluyen los hábitos depredadores del animal, es decir, acechar, cazar y matar, el comportamiento del gato en el aseo y el sueño, y su particular manera de comunicarse a través del lenguaje corporal.

Es relativamente común escuchar la frase hecha de que los gatos son menos inteligentes que los perros, debido principalmente a que los gatos se niegan a realizar trucos y responder a las órdenes del amo o del propietario. Es innegable que la capacidad cerebral del gato le permite sobrevivir, dado el caso, en un entorno extraño e incluso hostil. Dicho esto, a nadie se le escapa que, indudablemente, el gato, en estos términos, es más inteligente que el perro.

RASGOS DEL CARÁCTER

SOLITARIO El gato en la naturaleza es un animal que tiende a ser bastante reservado y solitario, sin embargo el actual gato doméstico se ha convertido en un animal bastante más sociable. El felino doméstico convive sin dificultad con otros animales presentes en la casa, pero agradece y busca sobre todo la compañía de los seres humanos que son las personas que lo cuidan y con los que se encuentra a gusto. Aunque no lo demuestra, el gato agradece con su presencia la estancia en la casa del amo y en el mismo lugar en el que se encuentra el dueño, de tal modo que si el dueño se aleja de la habitación, el gato se despereza y sigue al amo de inmediato allá donde éste vaya.

• Es extremadamente sensible a los sentimientos de los seres humanos. En este sentido, el gato suele rehuir de los extraños, aunque puede darse la circunstancia de que se familiarice rápidamente con personas completamente desconocidas.

• Son animales dotados de un marcado sentido y espíritu de independencia. Es más, incluso cuando el gato está cómodamente sentado en el regazo del dueño, necesita sentirse libre. En el caso de que tenga la sensación de que está siendo retenido por el dueño, el gato abandonará inmediatamente dicha posición por muy cómoda que sea.

• Rehuye todas aquellas manifestaciones de júbilo o de afecto típicas de otros animales

El actual gato doméstico se ha convertido en un animal bastante sociable. Pero el gato en la naturaleza es un animal que tiende a ser bastante reservado y solitario.

El gato es extremadamente sensible a los sentimientos de los seres humanos. Suele alejarse de los desconocidos.

domésticos, como sucede con el perro. Llega a ser tan comedido que hasta en el uso de la voz es escaso, con la única excepción del periodo de celo, que es cuando realmente el gato da escandalosas serenatas a base de continuos maullidos.

• Es un animal que no se excita ni se descompone ante situaciones difíciles o extremas que no le conciernen directamente. En este sentido, se le puede definir como un animal filósofo. Evita en todo momento las peleas y los enfrentamientos inútiles y es capaz de disfrutar plácidamente de los momentos serenos y tranquilos de la vida. Igualmente, el gato dispone de una capacidad asombrosa para adaptarse a todas y cada una de las situaciones adversas de la vida, incluso en un mundo extraño u hostil.

• El gato no es un animal paciente como el perro, el cual soporta con estoicismo y resignación los caprichos y hasta vejaciones a los que es sometido. La paciencia del gato solo aflora cuando es algo útil para él, como cuando acecha a una presa.

• Los gatos no son dados a realizar o ejecutar movimientos superfluos. En este sentido, el gato tiene tendencia a la pereza o, mejor dicho, sabe dosificar inteligentemente sus propias energías.

• El gato suele ser un animal dormilón, es decir, le gusta aposentarse durante un largo periodo de tiempo en lugares y sitios cómodos y calientes. Sin embargo, el sueño del gato no es casi nunca profundo porque siempre está atento al más mínimo ruido. De hecho, el felino suele descansar de manera disimulada y

El gato es un animal curioso por naturaleza, característica que le lleva a investigar e indagar cualquier novedad o rincón desconocido para él.

fingiendo que duerme, cuando en realidad está espiando todos los movimientos y ruidos con los párpados entreabiertos y las orejas ligeramente levantadas.

• El gato doméstico es un animal rutinario o inconstante, dependiendo de los casos. Como sucede a todas las criaturas de fuerte personalidad, el gato es un animal imprevisible, pero a la vez ligado a sus propias costumbres y usos horarios. Normalmente, el trastornar sus hábitos normales puede acarrear en el animal graves molestias.

• Generalmente se dice que el gato es egoísta y que se acostumbra a la casa mucho más que a los seres humanos. Sin embargo, la capacidad de encariñamiento del gato con el amo dependerá proporcionalmente de lo que éste haga para merecer ese cariño. Con el gato no sucede lo mismo que con el perro, que es capaz de querer a cualquier amo; en el caso del gato, el dueño debe ganarse el amor del felino. En este extremo, el gato tenderá a encariñarse sólo de aquellas personas que lo tratan bien, que le proporcionan alimento y abrigo. Esta circunstancia no quita, en supuestos excepcionales, que el gato sea capaz de amar a su dueño sea cual fuere el trato que le confiera.

• Normalmente se le suele aplicar al gato los adjetivos de traicionero y ladrón. Es cierto que el gato puede tener reacciones traicioneras a los ojos del ser humano, quien al desconocer la verdadera naturaleza del gato se comporta ante ellos de manera inadmisible y provocadora. Pero quien conoce realmente la naturaleza de los felinos sabe que no son animales traicioneros, aunque utilizar este calificativo para un animal puede resultar del todo ridículo, ya que los gatos no poseen la capacidad humana de discernimiento y su comportamiento es principalmente instintivo. En lo que respecta al calificativo de ladrón, el gato sólo se apropiará de la comida ajena cuando el animal no está suficientemente educado y no comprende qué es lícito o ilícito para el hombre.

• El gato es un animal curioso por naturaleza. Característica que lo incita a investigar e indagar cualquier novedad, así como a explorar los lugares en que puede esconderse.

• El gato también dispone de una memoria privilegiada, que le permite recordar tanto lo bueno como lo malo que le haya sucedido.

La psicología felina descrita en los puntos anteriormente citados se encuentra, más o menos presente, en todos los gatos. Independientemente de las reglas generales en comportamiento y carácter de los felinos, cada raza y cada ejemplar presenta divergencias más o menos marcadas de comportamiento, dependiendo del ambiente en que haya vivido el animal y los contactos que haya tenido con los seres humanos.

El comportamiento y carácter de los felinos depende del ambiente en que haya vivido y los contactos que haya tenido con los seres humanos. Cada raza posee sus propias características.

IMPORTANCIA DEL SISTEMA NERVIOSO CENTRAL EN EL COMPORTAMIENTO

El sistema nervioso del gato tiene una importancia primordial en el control del comportamiento y actitud del animal. El sistema nervioso central está constituido por el cerebro y por la médula espinal y es el encargado de controlar y coordinar todas las actividades que realiza el gato.

Como en todos los seres vivos, al sistema nervioso central llegan todas las informaciones procedentes de los sentidos del gato, y es el cerebro del animal el encargado de recibir, analizar y procesar, en su caso, todos los contenidos recibidos. Así, las señales urgentes son recibidas y enviadas de una manera inmediata, las informaciones insignificantes son rechazadas, y las señales intermedias son aceptadas y almacenadas en la memoria del felino para un uso posterior.

Todo este complejo mecanismo de trasmisión y recepción, hacen del gato uno de los animales más receptivos y

El gato, además de ser un animal dormilón, tiende a la pereza.

despiertos. El felino gato es consecuencia, no en vano, de millones de años de evolución, convirtiéndolo hoy en día en un carnívoro eficaz y fuerte dentro de su especie.

El cerebro del gato se divide en tres zonas bien diferenciadas, desempeñando cada una de ellas una función determinada. La parte delantera del cerebro se encarga primordialmente del sentido del olfato, que es una función esencial en el caso de un animal depredador como éste; en esta misma zona delantera también se encuentran el tálamo, que es la parte del cerebro que recibe los impulsos de la médula espinal, y el hipotálamo, que controla todos los procesos internos de regulación del organismo.

La zona media del cerebro se encarga principalmente de las señales recibidas de los ojos. Por último, la parte posterior del cerebro, constituida principalmente por el cerebelo, se encarga de controlar el equilibrio, y los sistemas respiratorio y circulatorio.

A pesar de que cada zona está perfectamente delimitada, lo cierto es que cada una de ellas es dependiente del resto y

viceversa, manteniéndose una semejanza importante entre el cerebro del gato actual y el del felino primitivo.

Quizá, la zona de evolución más desarrollada en el gato, al igual que sucede en el ser humano, es la corteza cerebral. Esta parte del cerebro es una región que controla las denominadas actividades superiores del animal, como la visión, la percepción y la memoria.

A su vez, el cerebro del gato está dividido transversalmente en dos hemisferios separados por un profundo surco que se extiende longitudinalmente de un extremo al otro del cerebro. En este sentido, el hemisferio izquierdo tiene asignadas las funciones de la parte derecha del cuerpo del animal, en tanto que el hemisferio derecho controla las funciones del lado izquierdo. Entre ambos hemisferios hay una compleja tela de neuronas o células nerviosas que conectan ambos lados del cerebro con el fin de coordinar la información que llega a alguno de ellos.

Igualmente, la parte delantera de la corteza cerebral controla las funciones de las piernas, las regiones centrales del cerebro se encargan del control del cuerpo, y la zona posterior del cerebro se ocupa de procesar todos los estímulos visuales.

SISTEMA NERVIOSO PERIFÉRICO

Los nervios periféricos son aquellos que salen de la médula espinal y actúan sobre los músculos que se encuentran unidos al esqueleto del gato. Este tipo de nervios están formados por dos clases de fibras: aquellas fibras que conducen la información procedente de la piel, los bigotes, los músculos y las articulaciones hasta la médula espinal y hasta el cerebro; y otro tipo de fibras que transportan los mensajes enviados por el cerebro a través de la médula espinal hasta los músculos, provocando la reacción de éstos.

El sistema nervioso central es el encargado de controlar y coordinar todas las actividades que realiza el felino.

El sistema nervioso autónomo es aquel que controla la circulación y la digestión del animal, independientemente de que éste se encuentre despierto o dormido. Este sistema independiente está formado por dos clases de fibras nerviosas, conocidas por los nombres de nervios simpáticos y nervios parasimpáticos.

Los nervios simpáticos se activan cada vez que el gato sufre un estímulo emocional determinado, lo que provoca en el felino una aceleración de los latidos del corazón, una dilatación de las arterias y músculos del corazón y una contracción de las arterias de la piel y de los órganos internos. Es precisamente cuando sucede toda esta rápida sucesión de fenómenos, cuando el animal se encuentra preparado para cualquier tipo de movimiento repentino, como atacar o defenderse.

El sistema parasimpático, por su parte, actúa de manera distinta y afecta a un único órgano a la vez. El sistema parasimpático es el encargado de controlar y proteger los recursos del organismo.

Tanto el sistema parasimpático como el simpático pueden trabajar simultáneamente o funcionar de manera sucesiva. De hecho, un buen ejemplo de colaboración y cooperación entre ambos niveles es cuando el gato macho realiza el acto sexual. En este supuesto, el sistema parasimpático provoca la excitación necesaria en el animal para que se produzca la erección del pene, mientras que el sistema simpático hará lo posible para que se produzca la eyaculación del animal.

En principio, los distintos estudios realizados a animales domésticos han concluido que la domesticación no ha alterado en esencia los rasgos y

Debido a su gran curiosidad, un gato inspeccionará todos los rincones y objetos que están a su alrededor.

Cada gato tiene sus propios escondrijos y estrategias, por lo que prefieren cazar en solitario, a pesar de que formen parte de una camada.

comportamiento básicos del gato. Esto indica que el felino mantiene en un grado elevado sus características de animal carnívoro y cazador de destreza, percepción, rapidez y reacción inmediata ante un acontecimiento.

Es por todo ello, y gracias fundamentalmente a su alto nivel de desarrollo de su sistema nervioso central, por lo que el gato doméstico puede vivir, o mejor dicho sobrevivir, tanto en estado silvestre como vagabundo.

COMPORTAMIENTO DEPREDADOR

El gato empieza a mostrar un comportamiento depredador a partir de los seis meses de vida, aproximadamente. Si el animal es doméstico y se encuentra en una casa, no es difícil observar cómo la mamá

gata lleva trozos de carne hasta la cesta de la camada para atraer la atención de los pequeños. En estos supuestos es frecuente que el gato pequeño se abalance sobre la carne como si se tratase de un pequeño ratón o de un pájaro.

Es en esa primera etapa de la vida del animal, en la época de desarrollo, cuando los gatitos ya empiezan por sí solos a practicar ciertos movimientos propicios de la caza, ya sea con los alimentos o por medio de diferentes juegos de ataque. Además, la mamá gata también suele incitar a la camada

El comportamiento depredador del gato surge a partir de los seis meses de vida.

bigotes y los pelos sensibles de las orejas le permiten conocer el camino exacto por el que debe perseguir a la presa. Todo ello acompañado por el silencioso andar del gato, gracias a las almohadillas de las patas y a las garras retráctiles, y a los poderosos cuartos traseros que le proporcionan el impulso necesario cada vez que necesita correr más rápido o atacar.

El ataque del gato es ejecutado de manera rápida y precisa: primero salta sobre la víctima agarrándola con las uñas extendidas para después inmovilizarla de una dentellada.

Pero la caza no es una actividad única y exclusiva del gato salvaje, sino que también el gato doméstico recurrirá a la caza si se le presenta la oportunidad, ya que a pesar de los siglos de domesticación, el gato todavía conserva el vigor preciso para encontrar y capturar a los pequeños roedores o pájaros.

a mantener dicho comportamiento de acecho y de ataque.

Normalmente, los gatos prefieren cazar en solitario y dentro de los límites de su propio territorio, ya que suelen tener sus propios escondrijos de acecho y vigilancia. Es raro que los gatos de una misma camada aprendan a cazar de forma conjunta, ya que uno conocería las posiciones estratégicas, los escondrijos y las intenciones del otro.

El gato es de los pocos animales capaces de cazar en condiciones adversas, es decir, con luz escasa y prácticamente en la oscuridad. Ello se debe a que el felino dispone de un excelente sentido visual para cazar sin problemas en las horas de penumbra del amanecer y del atardecer.

Igualmente, el agudo oído del animal le sirve para localizar a la presa con una exactitud milimétrica, al tiempo que los

El gato está perfectamente capacitado para cazar en la oscuridad.

Cuando el gato es doméstico y no tiene posibilidad de atrapar ninguna presa, conviene que el dueño estimule el instinto cazador del animal gracias a la utilización de los juguetes.

Cuando el gato caza en campo abierto es mucho más fácil distinguir el aspecto físico y de comportamiento del felino ante la presa, debido a que es en ese hábitat donde el animal debe sacar a relucir toda su habilidad, si quiere realmente obtener una recompensa positiva. La manera de actuar del gato en terreno abierto es la siguiente: en primer lugar, el gato se intentará acercar a la presa lo más que pueda; una vez que se encuentre a una distancia razonable para el ataque, éste extenderá su cuerpo a ras del suelo y continuará su avance, deslizándose de forma rápida y sigilosa con el vientre pegado al suelo, la cabeza erguida, el cuello bien extendido y las orejas orientadas hacia la presa para captar todos los sonidos; una vez que el gato crea que ha llegado el momento del ataque, tomará impulso y lanzará su cuerpo a un ataque rápido pero mortífero.

El gato es también un animal muy dado a jugar con la presa herida. Muchas veces, el felino estimula estos comportamientos de entrenamiento y diversión saltando por encima de la presa, dándola golpecitos o recogiéndola con las uñas extendidas.

Cuando el gato es enteramente de interior, es decir, cuando apenas sale de la casa o del apartamento y no tiene posibilidad de atrapar ninguna presa, será el dueño del animal el que deba estimular el instinto cazador del mismo por medio de juegos o de juguetes apropiados. En este sentido, el propietario del felino puede dar al gato un ratón relleno de hierba u otros objetos similares, para que el gato los sacuda, les dé palmaditas o salte sobre ellos. Es fundamental que el dueño estimule el interés por el ataque en el gato por distintas razones, entre las que se encuentra la eliminación de problemas de obesidad y el mantenimiento del instinto de supervivencia en el caso de que un día se pierda y tenga que sobrevivir en la calle.

EL SUEÑO
El gato tiene dos tipos diferentes de sueño. Por un lado, el gato tiene una variedad muy superficial de sueño, que consiste en una serie de siestas breves a lo largo del día, y por otro, un sueño profundo.

Durante el sueño ligero y superficial, el animal presenta la misma presión sanguínea que cuando está despierto, la temperatura del cuerpo desciende muy levemente y los músculos mantienen una ligera tensión. Sin embargo, durante el sueño profundo, la presión sanguínea desciende y los músculos se muestran totalmente relajados.

Aunque el gato se encuentre en un momento de sueño profundo, éste es capaz de despertarse rápidamente si escucha un sonido brusco o repentino. Esta capacidad

El gato es capaz de despertarse rápidamente si escucha un sonido brusco a pesar de que se encuentre en un momento de sueño profundo.

Siempre que puede se tumba porque, como ya se ha mencionado, el gato es dormilón.

Lo normal es que los gatos pequeños duerman más que los adultos, aunque no existen unas pautas generales sobre el tiempo de sueño del gato, ya sea mayor o cachorro. También es igualmente normal que cuando hace calor, el gato prefiera dormir solo, mientras que si el clima es frío, lo habitual es que los gatitos formen una pirámide peluda entre ellos.

También es cierto que el gato sueña durante los periodos de sueño profundo. Es en esos momentos cuando el animal se mueve nervioso, se estira, gruñe o ronronea. Incluso, en ocasiones, llegará a mover las patas como si estuviera corriendo o andando, torcerá la cola o moverá la boca.

Es prácticamente imposible saber qué es lo que realmente sueña el gato, aunque los estudiosos en la materia se aventuran a decir que, seguramente, el felino tamice las experiencias recientes y clasifique y descarte la información que no es relevante, al tiempo que el cerebro almacena los datos que son considerados útiles.

En conclusión, un tercio del tiempo que el gato se pasa durmiendo lo hace en fase de sueño profundo y, según parece, esta circunstancia es esencial para su buena salud tanto física como mental. De hecho, los gatos necesitan paz y seguridad para poder alcanzar la fase profunda del sueño, de lo contrario el ritmo cardiaco del gato se verá acelerado de forma sensible.

de reacción se debe a que el animal conserva su agudeza auditiva a pesar de encontrarse profundamente dormido.

Según los distintos estudios realizados a este felino, se ha demostrado que el gato puede dormir a cualquier hora del día o de la noche, con cualquier temperatura exterior y en cualquier sitio, por incómodo que sea. Aunque, evidentemente, prefiere los lugares cálidos y sin corrientes de aire, sin importarle la dureza del terreno.

Dentro de la casa, el gato puede dormir prácticamente en cualquier sitio, desde el brazo de una silla a una superficie con la cabeza colgando, ya sea estirado sobre un costado o boca arriba.

LIMPIEZA
Lo primero que realiza un gato nada más despertarse es estirarse, flexionar el cuerpo y bostezar. Una vez que ha

ejecutado todas estas actividades, el felino se encontrará dispuesto para la acción, sea del tipo que sea.

En el caso de que el animal haya estado durmiendo o dormitando bajo el sol o bajo una lámpara, también es bastante común que el felino comience por lamerse, ya que se entiende que la acción del sol o del calor sobre el pelaje del gato estimula el lavado. Además, el gato absorbe vitamina D cuando se lame el pelo después de dormir bajo el sol, circunstancia que es beneficiosa para el organismo.

Para el aseo personal, el gato se sirve de la lengua y de las garras. La lengua está especialmente bien provista para la limpieza gracias a las papilas de la misma, que hacen de ella un instrumento idóneo para el cepillado y el peinado. La manera de proceder en el aseo es sentarse y lamerse alrededor de la boca, a continuación el animal se lame una de las garras hasta que esté bien húmeda y se la pasa por la cara y por la cabeza, por las orejas, por los ojos, por los pómulos y por la barbilla. Una vez hecho esto, el gato se lame la otra garra y procede de igual manera con el lado contrario de la cabeza que estaba aún sin limpiar. Más tarde se lame y limpia cada uno de los hombros y de las patas delanteras, para continuar con los costados, la zona genital, las patas traseras y, por último, la cola de principio a fin.

Si durante ese recorrido de limpieza, el gato encuentra un nudo, una mancha, una aspereza o una zona despeinada, es cuando entrarán en acción los dientes del felino hasta hacer desaparecer el problema. Igualmente, el gato tratará de morder cualquier suciedad que encuentre entre sus dedos y en las almohadillas de las patas.

El aseo en los gatos varía de unos a otros. Algunos felinos se lavan con frecuencia, mientras que en otros casos esperan a que el pelaje esté bastante sucio para proceder al aseo pertinente. Suele ser habitual que los gatos de una misma familia o camada se laven mutuamente, al tiempo que juegan y ronronean juntos.

También suele ser bastante común que la mamá gato pase largo tiempo lavando a los gatitos, lo que contribuirá a crear el vínculo necesario del aseo en los cachorros.

En general, el gato es un animal limpio y delicado con la naturaleza.

El gato se sirve de la lengua y de las garras para el aseo personal.

La mamá gata se encarga del aseo y limpieza diaria de sus cachorros hasta que estos puedan hacerlo por sí mismos y no necesiten de su ayuda.

DEMARCACIÓN DEL TERRITORIO El

gato es un animal que dispone de diferentes métodos para identificar y marcar el territorio. El felino dispone de dos glándulas distribuidas por la cabeza que son las que le sirven para señalar cada vez que el gato restriega la cabeza contra un objeto deseado o contra una persona que considera su amiga. La primera de las glándulas se sitúa en los ojos, a ambos lados de la frente, y sirve para detectar los olores; y la segunda se encuentra alrededor de la boca. El gato también dispone de otras glándulas semejantes cerca de la base de la cola.

Se considera que cada vez que el animal se restriega sobre algo o sobre alguien, el felino obtiene sensaciones agradables y, en ocasiones, ronronea.

En algunos casos, el gato suele babear, esto sucede cuando el animal restriega con fuerza su morro contra un objeto escogido, llegando, incluso, a levantar las patas traseras para apretar con mucha más fuerza con la boca o la barbilla.

Las glándulas de la cola le sirven al gato a modo de huella una vez que el animal ha utilizado las glándulas temporales de la cabeza.

Un ejemplo claro de actitud amistosa del gato es cuando el dueño le prepara la comida. En ese momento, el gato suele acercarse hasta el amo restregándose y

El gato es un animal solitario e independiente, al que le gusta marcar el territorio por el que se mueve con su orina.

mostrándose amistoso con él. La maniobra de acercamiento consiste en que el gato oscila el cuerpo por entre las piernas del dueño, restregándo la frente y el morro para después frotarse con todo lo largo del cuerpo; por último, el animal suele enroscar la cola y barrer con ella toda la zona que pretende marcar. Algunos gatos señalan, igualmente, los límites del territorio por medio de las glándulas de la cabeza y de la cola, y a través del sudor de las almohadillas de las patas, que es depositado en las junturas de la madera de la casa. En

El felino defenderá siempre el territorio que ha marcado.

ocasiones, el animal tiende a defecar en la zona que considera su territorio.

También suele ser común que el gato salpique con orina los objetos que ha elegido de su territorio para delimitar su frontera. Este suele ser un método muy dominante para delimitar y marcar el territorio propio, y es realizado por animales sin castrar. Puede darse el caso, de igual modo, que las gatas salpiquen de orina los objetos de la casa; en estos supuestos, las gatas adoptan la misma postura que el macho, es decir, con la cola levantada y temblando, dirigen pequeñas

Los gatos respetan el territorio de los demás. Cuando un gato utiliza una zona común suele evitar el enfrentamiento con otro gato.

cantidades de orina hacia la zona o el lugar escogido previamente.

Cuando se trata de los animales silvestres, éstos mantienen territorios muy bien delimitados que defienden y, en ocasiones, amplían. Para extender sus dominios, el gato tiende a utilizar más la guerra psicológica que la física. De hecho, muchas de las peleas de gatos parecen mucho más duras de lo que en realidad son.

Los gatos, además de marcar el territorio, respetan escrupulosamente el de los demás. En este sentido, cuando un gato utiliza una zona común o un sendero utilizado por más animales, suele evitar el enfrentamiento con otro gato y espera a que la ruta esté libre para internarse en la misma. En este contexto,

El gato es un animal social que se adapta perfectamente a la vida en grupo y a la convivencia con los humanos.

las área sin marcar se consideran terreno neutral y se suelen convertir en una zona para que los gatos se reúnan y se conozcan.

LAS COLONIAS DE GATOS

Los gatos salvajes o asilvestrados viven en grupos familiares. Este tipo de grupos pueden ser de dos clases: una colonia liderada o encabezada por un gato macho adulto; o el grupo formado exclusivamente por hembras, generalmente hermanas de camada.

En las colonias de gatos salvajes puede llegar a desarrollarse una organización jerárquica ciertamente compleja, sin embargo, una vez aceptado y establecido dicho orden, todos los gatos integrantes del grupo aceptan la estructura sin cuestionarla, así como el nivel establecido para cada uno de ellos.

Si la colonia es grande, cada macho ocupa el puesto que le corresponde de acuerdo a su valía en la lucha, que se decide entre confrontaciones de gatos. Una vez que se ha establecido un orden, las peleas desaparecen, a no ser que alguno de sus componentes decida tratar de elevar su situación o que un nuevo felino se incorpore a la estructura ya establecida del grupo.

La categoría de cada gato dentro de las colonias de gatos salvajes está estrechamente ligada a la sexualidad, es decir, al macho. En este sentido, un gato castrado no se entendería dentro del orden jerárquico de la colonia o del grupo. Es por ello que en los grupos salvajes no se acepta o no se entiende que un gato regrese a la colonia una vez que ha sido atrapado por el hombre y castrado. En estos casos, la estructura jerárquica quedaría alterada y, seguramente, comenzaría a reinar el caos dentro de la misma, con las consiguientes consecuencias funestas para el conjunto.

LA COMUNICACIÓN DEL GATO El

olfato juega un papel importante dentro de la comunicación del gato. De hecho, el animal se suele servir de este sentido para distinguir a los demás gatos y a las personas. Normalmente, cuando se encuentran dos felinos amigos, éstos tienden a frotarse los hocicos o la frente, aunque en ocasiones también suelen rozarse cualquier otra parte del cuerpo del otro y olfatear la región anal del compañero.

Los felinos son animales muy comunicativos.

Los expertos y estudiosos del gato consideran que el lenguaje corporal del felino es altamente expresivo, ya que el gato cuenta en su haber con una amplia variedad de expresiones faciales, además de utilizar el cuerpo para comunicar sentimientos e intenciones.

Un gato que se encuentre en situación de alerta siempre expresará una mirada abierta, directa y con los bigotes del morro y las orejas orientadas hacia delante. En el caso de que el animal, además de alerta se encuentre también nervioso, mostrará unos orificios nasales contraídos, con el fin de tratar de identificar el olor y todos aquellos mensajes y señales recibidas a través de los ojos y los oídos. En el caso de que el veredicto del animal sea el de una persona amiga o un animal conocido y amigo, el felino enderezará la cola en claro símbolo y gesto de bienvenida.

El gato utiliza el cuerpo para comunicar sentimientos e intenciones.

Cuando un animal doméstico y no agresivo recibe una amenaza de otro gato o de otro tipo de animal, como por ejemplo un perro, el felino permanecerá en primer momento inmóvil, mirando al intruso fijamente; una vez superada esta primera fase, el gato empezará a mover la cola lentamente de un lado al otro, mientras orienta las orejas y los bigotes hacia delante en una búsqueda clara de identificación del supuesto agresor. En el caso de que el intruso se acerque cada vez más hacia la situación del gato, éste sacará la barbilla, aplastará las orejas y empezará a ladear el cuerpo; al mismo tiempo que realiza estas operaciones, el pelo del cuerpo del gato comenzará a enderezarse y el pelo de la cola a erizarse. Todo este comportamiento descrito anteriormente, en el supuesto de acercamiento de un intruso, se intensificará aún más en el caso de que sea un «agresor» el que se acerque. De ser así, comenzará a emitir gruñidos hacia el otro.

La postura defensiva felina más amenazante es cuando el animal se coloca completamente de lado y frente al intruso y con el pelaje del cuerpo y de la cola totalmente erizado. De esta manera, el gato presenta un tamaño mucho más grande de lo que realmente es. Además, en esta posición, la barbilla del animal se aplasta, con la intención de proteger la garganta, y los ojos se estrechan y miran fija y detenidamente al intruso. Igualmente, las orejas se aplastan contra la cabeza y el hocico deja entrever ligeramente los dientes, mientras el animal gruñe en señal de aviso.

En la posición de alerta total y en presencia de un extraño, los músculos de la espalda y los cuartos traseros del gato permanecen tensos, fundamentalmente ante la posibilidad de pelea o de huida; el peso de la parte delantera del cuerpo se apoya en una sola pata, mientras que la otra pata del animal, con las uñas fuera, permanece lista y preparada para el ataque.

Si el intruso se retira al observar la figura de su contrincante, el gato seguramente avanzará refunfuñando, dando chasquidos con la boca y salivando. Una vez realizado esto, olfateará el terreno donde ha permanecido el posible atacante y arañará la tierra con las patas delanteras; también salpicará la zona con un poco de orina y, posiblemente, defecará.

La posición y actitud del felino en situación de extrema agitación es inconfundible. En estos supuestos, el animal abre los ojos por completo y mueve la cola de manera extremadamente rápida de un lado a otro, como si buscase una vía de escape. Al tiempo que realiza esto, encoge el cuerpo, muestra la barbilla hacia adentro y mantiene las orejas pegadas. Se recomienda no tocar al gato si se le observa en esta posición y en ese estado, ya que puede reaccionar violentamente.

La cola del gato es una de las partes del

La detenida observación de sus contrincantes es esencial para cualquier cazador.

cuerpo del felino más expresiva, al igual que sucede con la cola del perro. Así, cuando la cola está en posición erguida significa que el animal está alegre y contento; mientras que si se encuentra en posición rígida y en vertical, indicará que el animal es propenso a la saña. Si la cola está erguida pero con la punta ondeando ligeramente indicará que el animal, por un lado, se encuentra satisfecho y, por otro, que no va a aguantar ninguna tontería. Por el contrario, si la cola se agita de un lado a otro, señalará que el gato está enfadado y que, incluso, puede dar comienzo un ataque o una pelea inminente.

En el caso de que el animal esté realmente enfadado, éste mostrará una cola hacia atrás y con todo el pelo erizado; justo en el momento del ataque, el animal arqueará la cola por encima y, a veces, ladeará la cola.

El ronroneo es síntoma de que nuestro gato se siente satisfecho.

En cuanto a los sonidos emitidos por el gato, éstos se clasifican en dos, dependido con qué parte del cuerpo realice o emita la voz. En este sentido, se sabe que el felino dispone de unas cuerdas vocales superiores o falsas y de unas cuerdas vocales inferiores o verdaderas. Se cree que la diversidad de sonidos emitidos por el gato provienen de las cuerdas vocales verdaderas, mientras que las cuerdas falsas o superiores son las responsables del ronroneo del animal. Sin embargo, los zoólogos difieren sobre el mecanismo del ronroneo del gato. Una de las teorías más admitidas por los expertos es que el ronroneo es producto de una turbulencia en la corriente sanguínea de la vena principal del animal. Conforme a esta hipótesis, donde la vena se estrecha en el

tórax, se producen una serie de vibraciones del diafragma que pasan a través de la tráquea y que acaban resonando en el cráneo del gato.

La mayoría de los gatos ronronea suavemente, y son los menos aquellos gatos que ronronean habitualmente porque se encuentran satisfechos con la presencia de determinadas personas o cosas. En el caso de los gatitos pequeños, éstos suelen ronronear cuando la madre les está amamantando. Los gatos jóvenes, por su parte, tienden a ronronear con un sonido monótono, mientras que los gatos que tienen más edad lo hacen con dos o tres tonos regulares y resonantes.

La razón del ronroneo del gato puede ser debida a múltiples causas: en respuesta a una mirada de su dueño, por una voz cariñosa, cuando los limpian, cuando están sufriendo, o por un esfuerzo.

Además del ronroneo, el gato dispone de un registro bastante amplio de sonidos y voces. En síntesis, el lenguaje gatuno puede dividirse en tres categorías generales del sonido:

• El sonido más suave del gato puede compararse con el murmullo del ser humano. El murmullo felino incluye un ronroneo suave y un ligero sonido de agradecimiento o de respuesta a un saludo. Normalmente, el murmullo es realizado por el animal con la boca cerrada y es relativamente fácil de imitar, ya que se correspondería a una especie de voz parecida al «¿Mmmmmm?» de los humanos.

• La segunda categoría de sonidos felinos consiste en diferentes variaciones del conocido «miau». Dependiendo de la entonación y amplitud de algunos de sus intervalos puede indicar una cosa u otra, aunque en casi todos los supuestos, el gato expresa con esta entonación una necesidad o una emoción. Las diferentes graduaciones del «miau» van desde el lastimero «miuu» hasta el divertido «mr-ou-ou-ou» que realizan los gatitos cuando van a comer, y pasando por distintos tonos y variaciones de «mi-ouu». A su vez, cada gato, particularmente, y cada raza, en general, expresa sonidos vocálicos individuales, desarrollando voces diferentes al del resto de los gatos y fácilmente reconocibles por sus dueños.

• El tercer tipo de sonidos felinos incluye los ruidos intensos que hacen los gatos para comunicarse con otros gatos, mostrando de esta manera enfado o advertencia al contrario. Dentro de este grupo se incluyen el gemido que profiere la gata en el momento de la cubrición, el grito chillón del gato cuando ataca y el curioso y conocido sonido «yiuddddrr» que hace el gato cuando observa los pájaros a través de una ventana cerrada.

Maullidos y ronroneos, fuente principal del lenguaje

Como norma general, el gato es un animal silencioso, cauto y callado y sólo en ocasiones contadas el felino se hace notar por medio de su voz, que consiste en el típico maullido.

El maullido del gato puede presentar diferentes y variados grados de intensidad, entonación y duración dependiendo del humor, las circunstancias contextuales y el temperamento del animal.

Diferentes estudios han analizado el maullido del gato y han llegado a la conclusión de que este animal carnívoro puede llegar a emitir más de 60 maullidos distintos. De hecho, sólo durante la época de celo, los gatos se vuelven mucho más intensos en su expresión sonora, sobre todo por la noche, que es cuando entonan con más profusión los maullidos pertinentes.

Además del maullido, el gato también se comunica por medio del ronroneo. Este sonido ronco, sordo y continuo es producto, según las tesis imperantes, del movimiento de la respiración y del flujo sanguíneo de uno de los principales vasos comunicantes del animal. Se trata, por tanto, de una de las expresiones máximas de placer, aunque también de salud, bienestar o dolor, dependiendo de los casos y de las circunstancias en las que se produzca.

Es igualmente habitual que el felino ronronee cuando esté enfermo, tenga un dolor o se encuentre en fase terminal; además de cuando quiere expresar alivio o bienestar por algo que le gusta.

Pero quizás, la gama más interesante de sonidos felinos son los emitidos por la mamá gata cuando ésta se comunica con sus pequeños cuando abandonan el camastro. La gata anima a que sus gatitos abandonen la caja y la sigan con suaves sonidos del estilo de «¿prrrrp?», y con maullidos y cariñosos gruñidos.

En conclusión, los gatos son capaces de ronronear, de bufar, de gruñir y, además, poseen una característica llamada y voz de dolor que es imposible de ignorar por el animal o la persona que la oye.

La voz del animal felino suele estar completamente desarrollada a los tres meses de vida, aproximadamente, si bien durante los meses siguientes, el gato va incorporando sonidos y entonaciones nuevos, dependiendo del entorno en el que se encuentre el animal y de las oportunidades de aprendizaje que tenga.

LA COLA, SÍMBOLO DEL ESTADO DE ÁNIMO
Si se observa la cola del gato, se puede adivinar fehacientemente el estado de ánimo y el humor que tiene el gato en un momento determinado. Así, cuando la cola del gato se encuentre hinchada o inflada significará que el animal se encuentra excitado por alguna razón, ya sea por la presencia de una persona ajena o de otro animal intruso.

La cola en punta, acompañada por un ligero encorvamiento del lomo, indica que el gato se encuentra ante una amenaza. Por el contrario, cuando el animal brinca contento y alegre frente a su amo, también tendrá la cola en posición levantada.

Igualmente, el gato que se pasea indiferente llevará también la cola levantada, pero si ésta se encuentra doblada por la punta hacia delante en forma de gancho indicará que está de buen humor.

Si el felino agita la cola de un lado al otro significará que se encuentra malhumorado; pero si la agita lentamente expresará que el gato quiere y desea afecto y atención.

Por último, si el gato mueve ligeramente la cola cuando se encuentra tumbado o reposando, querrá decir que el animal se encuentra soñando o imaginándose cosas agradables.

EL GATO VE EN LA OSCURIDAD
El gato ve y observa las cosas que le rodean de la misma forma que el hombre, siempre y cuando la cantidad de luz, ya

Es fácil saber el estado de ánimo de un felino según los movimientos de su cola: si la agita lentamente es que necesita atención y cariño; pero si la mueve rápido es que está de mal humor.

La sensibilidad del felino a la luz es seis veces superior que la que posee el ser humano.

sea en una habitación o en la calle, sea la normal. Sin embargo, la sensibilidad del felino a la luz es seis veces superior que la del ser humano, por eso se suele decir vulgarmente que el gato es un animal que puede ver en la oscuridad.

En realidad, esta aseveración no es del todo cierta ya que el gato no puede ver o ve lo mismo que el hombre, es decir nada, en un espacio o en una habitación que está completamente a oscuras, aunque sí que es cierto que en lugares con poca luz o luz escasa el felino se adapta mucho más rápidamente que el hombre a la ausencia de luz, gracias a un tejido reflectante que posee detrás de la retina y que es capaz de distinguir las cosas que le rodean cuando la luz es reducida.

Es precisamente esa membrana la que logra aumentar entre 30 y 50 veces cualquier rastro de luz que haya en el habitáculo o en la calle por pequeño que éste sea. Además, esa membrana es la causante de que el gato tenga los ojos brillantes cuando le alcanza un rayo de luz por la noche.

La potencia visual del gato también se ve favorecida por la gran adaptabilidad de sus pupilas al medio menos luminoso, ya que sus pupilas son completamente circulares cuando éstas se abren al máximo en espacios con muy poca luz.

A esta buena visibilidad nocturna del gato hay que añadir otras cualidades que le permiten moverse en la más absoluta oscuridad. En esta dirección se encuentran el excelente oído del animal y la alta sensibilidad de los bigotes del morro del gato. Gracias a estas tres cualidades, específicas y únicas del gato y del felino, este carnívoro puede adaptarse y moverse en situaciones y ambientes de oscuridad prácticamente total sin ningún tipo de problema. Según este razonamiento, por tanto, aunque el gato no pueda ver en la oscuridad total, sí es cierto que puede moverse con completa seguridad en la misma.

El gato es uno de los pocos animales que no puede considerarse falso, porque es muy expresivo.

«EL GATO NO ES FALSO»

Únicamente las personas que no han tenido nunca un gato o que no conocen la forma de ser y de actuar de los gatos pueden llegar a decir que el gato es un animal falso. Casi todas las personas que han tenido o tienen gatos, así como los distintos expertos y estudiosos de este animal aseveran que no hay ni un solo comportamiento del gato que puede definirse de falso.

De hecho, la respuesta ante la pregunta de si el gato es un animal falso es justamente la contraria. El gato es uno de los pocos animales cuyos gestos expresan de una forma clara y sencilla su estado de ánimo: si el felino está nervioso, tiene miedo o se encuentra irritado por cualquier razón, contraerá la musculatura facial; si tiene desconfianza, los ojos se tornarán de redondos a alargados y oblicuos, la posición del cuerpo variará y la cola se colocará en punta.

Lo mismo sucede con las actitudes amenazantes del gato. La expresión no sólo de la cara, de los gestos o de la postura, sino de todo el cuerpo y del pelaje delatan claramente al animal en una expresión de lucha y combate. Por el contrario, el felino se muestra confiado y amable cuando se encuentra con una persona amiga o en una situación agradable y de confianza.

No se debe olvidar que el gato no muerde ni araña nunca al adversario, y más si es un ser humano, sin que antes le hayan provocado claramente.

La orientación del gato

No hay que olvidar que el sentido de la orientación en el gato es una cualidad muy desarrollada, hasta tal punto que gracias a esta aptitud, el gato es capaz de encontrar el camino de regreso a casa en condiciones francamente difíciles y, en ocasiones, imposibles de entender por el ser humano.

Por consiguiente, aunque el gato haya vivido toda su vida en una casa o entre cuatro paredes, sin salir nunca de dicho recinto, el animal será capaz de manejarse y de volver a la casa en el supuesto de que se pierda o se encuentre en mitad de la nada, ya que los gatos poseen un sentido de la orientación que es capaz de funcionar incluso aunque les falte cualquier referencia visual o de memoria. En este sentido, se suele decir que el felino dispone de un sexto sentido inexistente en el ser humano.

En la misma línea se encuentra la capacidad del gato por presentir peligros naturales, como por ejemplo inundaciones o terremotos, así como por conocer ciertos sentimientos del hombre o detectar a aquellas personas que son enemigas.

Los investigadores explican este denominado sexto sentido del gato o capacidad extrasensorial del animal por medio de determinadas dotes de electromagnetismo que tiene el gato, y que dichas sensaciones son trasmitidas al cuerpo del felino a través del pelaje y de los largos y sensibles bigotes que posee.

No cabe duda, y así lo habrán podido atestiguar las personas que residen en una zona sísmica importante, que el gato se muestra particularmente inquieto cuando se va a producir un terremoto. Debido a su peculiar y sutil sensibilidad, el felino capta hasta las más pequeñas sensaciones y vibraciones del suelo, además de notar las variaciones del campo magnético de la Tierra y del aumento de electricidad estática que se libera justo antes de los movimientos sísmicos.

Todos los felinos tienen la capacidad de presentir peligros naturales, como los terremotos.

COMPORTAMIENTO SEXUAL DEL GATO

Desde el momento en que el gato alcanza la madurez sexual, éste puede seguir procreando a lo largo de toda su vida, si bien, todo indica que los años más propicios para engendrar nuevos cachorros es durante el periodo de tiempo que va desde los dos años hasta los ocho en el caso de la gata y desde los dos hasta los siete años en el caso del macho. Es cierto que las hembras pueden seguir teniendo camadas a partir de esa edad, pero el número de gatitos vivos disminuirá en relación con la edad de la hembra.

La época del año que prefieren los gatos para reproducirse es la primavera, pero pueden hacerlo en cualquier etapa del año. A diferencia de los perros, la gata no sigue ordenadamente las etapas de celo, tal y como sucede con el can.

La época preferida para la reproducción de los gatos es la primavera.

Los periodos de celo, momento en que el animal se encuentra dispuesto para procrear, varían de una raza a otra. Así, por ejemplo, algunas clases de siameses pueden llegar a tener hasta cuatro periodos de celo, mientras que otras razas no sobrepasan los dos celos al año.

Las gatas domésticas que viven en un ambiente artificial, dentro de una casa, con muchas horas de luz blanca y en un hábitat caluroso pueden procrear en cualquier época del año; sin embargo, los animales de granja, en situación de semilibertad, siguen unas pautas normales y habituales de reproducción, tal y como sucede también a los gatos silvestres: tienen una camada a principios de la primavera y otra a mediados del verano. En el caso de que el clima sea benigno, los gatos silvestres pueden tener una tercera camada a principios del estío.

Es conveniente que una gata joven de raza no se aparee antes de alcanzar los diez meses de edad. De esta manera, el animal tendrá más de un año cuando nazcan los gatitos, y su estabilidad y madurez mental y física estarán lo suficientemente desarrolladas como para atender las presiones de lactancia y maternidad que supone mantener una camada. Además, estas gatas jóvenes deben estar bien alimentadas durante el embarazo, ya que el desarrollo de los gatitos en el útero del animal agota las reservas de calcio de la gata, esenciales para la constitución del esqueleto de la madre. Por ello, las gatas con importantes carencias de calcio en el momento de nacer la camada puede inducirlas a tener un comportamiento

EL APAREAMIENTO

El gato macho sabe que la hembra está lista para el apareamiento cuando ésta adopta una característica postura, torcida hacia atrás con las patas delanteras dobladas y la cola girada hacia un lado. Enseguida el gato la cubre, se produce el apareamiento en sí y se separan porque la hembra gruñe al gato macho.

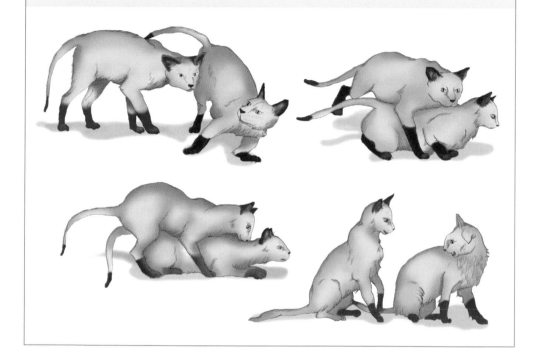

caníbal, llegando incluso a comerse a sus propias crías.

Al problema del calcio en el embarazo se añade el largo periodo de lactancia de los cachorros, que puede mermar también las reservas de calcio del animal. Para corregir todas estas supuestas deficiencias en calcio, el gato hembra doméstico debe estar bien alimentado.

En el caso de los gatos salvajes, las hembras recuperan el déficit de calcio por medio de la ingestión de los esqueletos de los animales que cazan, ya que esta sustancia se encuentra en cantidades importantes en los esqueletos de pájaros y de pequeños roedores que son apresados por el felino.

Si el nivel de calcio disminuye sensiblemente por la excesiva frecuencia de los embarazos de la gata, el animal puede sufrir del tétanos de la lactancia durante la alimentación de la camada, lo que en última instancia puede llegar a ocasionar la muerte del animal. En el caso de que se detecte esta enfermedad, que además se manifiesta de manera repentina, el animal debe ser tratado de inmediato por un médico especialista.

El celo es el primer signo externo de que la gata se encuentra en periodo de procreación y suele ser bastante fácil de reconocer. En el periodo de celo se distinguen tres etapas o fases.

• El precelo. Durante este periodo, la gata experimenta una serie de cambios en sus órganos reproductores, los cuales se muestran preparados para el apareamiento, fertilización y embarazo. Durante este tiempo de precelo, la hembra se muestra inquieta, excesivamente afectuosa cuando se le acaricia y con un ligero cambio en el aspecto de la vulva.

• El celo propiamente dicho comienza, aproximadamente, unos cinco días después del comienzo de la etapa de precelo. El celo es el periodo receptivo de la hembra durante el cual la gata está lista y deseosa de que se produzca la cubrición. Durante esta etapa, el animal se muestra desasosegado, gime, lloriquea, se contorsiona y se frota contra el suelo, al tiempo que intenta salir de la casa a toda costa. El momento culminante del celo se produce cuando la gata emite gritos más intensos y más profundos, al tiempo que sus contorsiones se hacen más violentas. En este momento, si se acaricia el lomo del animal, la gata adoptará la postura del acoplamiento, es decir, se agachará, estirará la cabeza, aproximará la barbilla al suelo, levantará los cuartos traseros y arqueará la cola a uno de los lados.

• La tercera etapa del celo comienza, si el apareamiento no se ha producido, cuando el sistema reproductor de la hembra se relaja y se queda completamente en reposo. Es durante todo ese tiempo cuando la gata permanece tranquila y satisfecha hasta el próximo ciclo de celo, en donde

CORTEJO DE UN GATO MACHO A UNA HEMBRA

se volverán a repetir las mismas pautas y signos.

En el caso del macho, éste puede aparearse en cualquier momento del año, siempre y cuando haya alcanzado su madurez sexual, ya que el gato no está sujeto a los ciclos de celo como les sucede a las hembras. Si bien, el gato suele tener más tendencias sexuales en primavera y en verano antes que en otoño e invierno. La atracción del macho hacia la hembra radica en su peculiar y evocador olor, además de por las continuas llamadas de la gata. Los estudiosos de los felinos aseguran que el grito de una gata en celo y el mensaje de su olor puede ser reconocido y contestado por el macho a varios kilómetros de distancia; ante lo cual, el gato irá junto a la gata. Una vez que el gato esté cerca, la hembra empezará a adoptar una serie de posturas y a realizar unas contorsiones que alimentarán, más si cabe, la excitación del macho, que intentará montarla cuanto antes y lo más

rápidamente posible. Cuando el apareamiento es premeditado y controlado, el hombre prepara tanto al macho como a la hembra para la cubrición, es decir, aclimata a ambos animales durante dos o tres días antes de cruzarlos. Para ello, separa en habitaciones divididas por una rejilla o pantalla al gato y a la gata hasta el momento de la cubrición. De esta forma, los animales se acostumbran el uno al otro, pero no tienen contacto físico.

La técnica de apareamiento es exactamente la misma tanto en el caso de los gatos de raza con pedigrí como en los animales salvajes. El proceso consiste en que una vez que el macho se encuentra cerca de la hembra, ésta se muestra dispuesta para el apareamiento por medio de maullidos más agudos y contorsiones más violentas. En ese momento, el macho, después de rodearla e intentar olfatearle la base de la cola, se desliza hacia ella desde atrás y hacia un lado, mordiendo el pelaje de la nuca de la

Cuando el gato se acerca a la gata, ésta adopta una serie de posturas y realiza unas contorsiones que aumentarán la excitación del macho, que intentará montarla cuanto antes y lo más rápidamente posible.

Una vez terminado el apareamiento, los felinos se sentarán y procederán a limpiar sus órganos genitales.

gata. Una vez hecha esta operación, el macho espera la reacción de la hembra para, a continuación, colocar las patas delanteras en cada lado de los hombros de la gata. Con esta postura, el gato anima al animal a levantar el trasero.

Si la gata está receptiva, empezará a dar pequeñas patadas con las extremidades posteriores; por el contrario, si el animal no está dispuesto al cubrimiento se revolverá y se zafará del macho para después salir corriendo.

Tan pronto como la gata acepte al macho y adopte la posición adecuada para la cópula, el macho arqueará el lomo y realizará la penetración, tras lo cual la hembra empezará a gruñir con un maullido bajo que, paulatinamente, irá creciendo en intensidad sonora.

A continuación, el macho realizará varios empujes rítmicos y acompasados de las caderas, produciendo la eyaculación de éste, tras lo cual el macho se alejará del lugar de la cópula.

En ese momento, la hembra puede llegar a gruñir, bufar, refunfuñar e, incluso, a perseguir al macho hasta llegarle a atacar con la uñas extendidas.

Una vez sucedido este proceso, ambos animales se sentarán y procederán a limpiar sus correspondientes órganos genitales. Hecho esto, los gatos estarán de nuevo dispuestos y listos para aparearse de nuevo.

En una situación de estado salvaje, puede darse la circunstancia de que varios gatos se sientan atraídos por una misma hembra. Ante esta circunstancia, la única solución posible es la lucha y la pelea por la hembra. Cuando dos machos deciden luchar por su orden de prioridad en el apareamiento, éstos comienzan primero por un intercambio de maullidos y chillidos para pasar posteriormente a la batalla. En ocasiones, un macho en una situación de inferioridad jerárquica puede aprovecharse de la batalla de los otros dos gatos para montar a la hembra, pero en general suele ser el macho dominante de la manada el que se aparea al final con la hembra en disputa.

El gato doméstico sin castrar considera la casa donde vive como un simple refugio y un lugar donde cobijarse y obtener comida diaria. El animal sin castrar estará en todo momento motivado por su poderoso instinto sexual, por ello es normal que este tipo de gatos domésticos se pasen el día patrullando su territorio y marcando su zona en busca de hembras con las que aparearse.

Cuando dos machos se encuentran por una razón de apareamiento, éstos suelen desplegar todo tipo de amenazas y recurrir a los instrumentos más llamativos y provocadores para intentar reducir al contrario. De esta forma, el macho hinchará sus carrillos, mostrará su enfado, gruñirá de manera profunda e, incluso, llegará a salivar ante la presencia del otro. Después, ambos gatos arquearán las caderas y los hombros, meterán la barbilla y tratarán de parecer los más grandes y enfadados. En el caso de que

no haya ninguna hembra en las proximidades para verles, los machos suelen dar un rodeo para evitar entrar en contacto directo y tener que pasar por territorio ajeno; en caso contrario, es decir, que haya una hembra en celo cerca, el enfrentamiento se convertirá en una lucha a gran escala entre ambos.

La pelea entre los dos machos comienza cuando éstos dan vueltas alrededor del otro con las patas en posición rígida. Después de acometer este baile preparatorio y amenazante, uno de los gatos se abalanzará sobre la garganta de su adversario y la intentará morder lo más fuerte que pueda.

No es raro encontrarse en una pelea de gatos con la imagen de una gran bola rodante de pelo, mientras ambos se arañan con las patas traseras y se muerden.

Suele ser bastante extraño que un macho inicie una pelea contra una hembra.

Cuando la batalla llega a su fin, uno de los gatos, el perdedor, tratará de salir huyendo, no sin antes recibir un profundo mordisco en la base de la cola. Este último zarpazo es el insulto final inflingido por el gato vencedor al vencido.

En general es poco frecuente que se produzcan comportamientos homosexuales o de cubrición de un gato macho a otro entre los felinos. En todo caso, de existir este tipo de gestos o de comportamientos, se debe a una demostración clara de superioridad entre un animal poderoso y otro inferior.

También suele ser bastante extraño que un macho pelee con una hembra, si bien se entiende que éstas pueden luchar entre sí por envidia o por comida.

El gato doméstico sin castrar considera la casa donde vive como un simple refugio.

COMPORTAMIENTO MATERNAL DEL GATO

Desde el momento de la pubertad de la gata, las pautas de comportamiento de ésta se encuentran orientadas al embarazo y a la maternidad, razón por la cual la hembra no cesará en su empeño y deseo de aparearse para desempeñar la función para la que ha nacido: ser madre.

La hembra del felino, al igual que sucede con el resto de las madres, es un ejemplo de defensa de sus crías, ya sea ante posibles depredadores o cualquier otro peligro, y de limpieza y alimentación hacia los pequeños. De hecho, la gata cuida de los cachorros, con una dedicación totalmente desinteresada, hasta que los gatitos son capaces de alimentarse y de vivir en el mundo por sí mismos.

La gestación

La gestación de las gatas es de nueve semanas (unos 63 días). Las camadas suelen estar formadas por cuatro o cinco gatitos. Aunque hay algunas gatas, como las siamesas y las birmanas, que pueden tener hasta ocho crías.

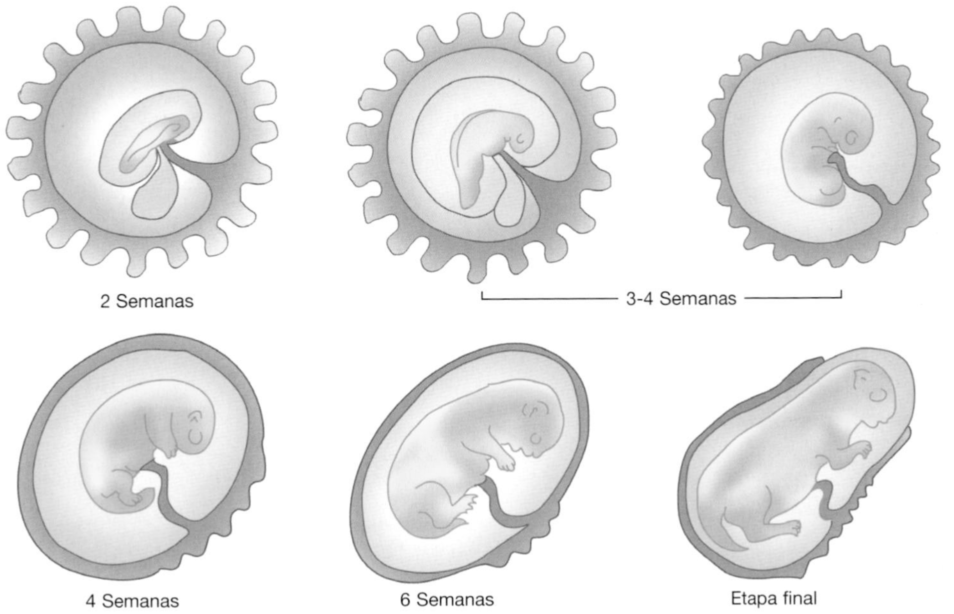

2 Semanas

3-4 Semanas

4 Semanas

6 Semanas

Etapa final

Normalmente, el macho no suele intervenir en la cría de los pequeños, aunque en algunas ocasiones ciertos gatos silvestres juegan y atienden a los gatitos que están recién destetados.

Una vez que la gata se ha apareado y ha quedado embarazada, el animal cambia de comportamiento, debido principalmente a las hormonas que segrega a causa de su nuevo estado. Como norma general, la hembra se vuelve más sensible a los peligros, aumenta su apetito y dedica más atención que nunca a la limpieza. En el caso de que se trate de una gata silvestre, ésta cazará y comerá las piezas cobradas con mucho más ahínco y mas frecuencia que antes, así como toda una serie de hierbas y plantas que ella misma seleccionará.

Conforme avance la gestación del animal, tenderá a preocuparse mucho más por el lugar donde dormir y resguardarse. Igualmente, las sesiones de limpieza se harán más frecuentes y cuidará con especial cuidado las mamas que después alimentarán a los pequeños.

La hembra suele ronronear de manera satisfecha mientras acaricia a los gatitos con las patas y la cabeza.

donde la gata se sienta cómoda y segura, al tiempo que la zona debe estar protegida de posibles peligros, de los niños, de perros y del bullicio. De igual forma, la caja o cajones donde el animal tenga a los cachorros deberá contener abundante papel, para que la gata pueda hacer el nido, y una altura considerable para que la resguarde de la luz excesiva. Cuando llega el momento del parto, la tendencia natural de la gata es pasear sin descanso de un lado para otro y acudir con frecuencia al cajón de la arena donde realiza sus necesidades. La primera etapa del parto suele suponer para el animal un gran esfuerzo que parece que no acaba nunca. De hecho, suele ser habitual que

Cuando el crecimiento de los cachorros es completo, la mamá gata deja que se marchen e inicien su propia vida.

Según vaya engordando a causa del embarazo, le será mucho más difícil lavarse la zona anal, por lo que el propietario del animal deberá colaborar con ella en la limpieza y aseo de esta zona sensible.

Cuando el periodo de gestación llegue a su fin, aproximadamente a las nueve semanas de la cubrición, la gata tenderá a explorar todos los posibles lugares donde emplazar el nido. Muchas veces, los gatos no escogen el lugar más adecuado para ello, por lo que es recomendable que el dueño de la gata elija el sitio más idóneo para colocar los cajones para parir y tener a las crías. El sitio escogido debe ser un lugar en

durante ese periodo de tiempo, la hembra no acepte comida. La segunda etapa del parto consiste en la expulsión, propiamente dicha, de los cachorros; es en ese momento cuando el animal se dirige al cajón donde tendrá a los gatitos.

En el supuesto de que se trate de la primera camada de la hembra, la llegada del primer gatito puede llevar bastante tiempo, a medida que las contracciones se hacen cada vez más fuertes y frecuentes.

La manera de salir de los gatitos puede ser de cabeza o de cola, ya que ambas posibilidades son igual de frecuentes. Si bien, antes de que salga la primera cría, la gata expulsa un saco de líquido que lame inmediatamente por la hembra sin que apenas el propietario se de cuenta de esta circunstancia.

Una vez que ha nacido el primer gatito, la gata lamerá con su lengua áspera la membrana que rodea el cuerpo del recién nacido, con lo que contribuirá a estimular la respiración del pequeño y a que los pulmones se ensanchen. Junto al gatito, la hembra expulsa también la placenta, que se la comerá, y el cordón umbilical, que morderá a unos dos centímetros del cuerpo del gatito. El trozo del cordón se seca y se desprende del cuerpo del cachorro en cuestión de unas horas, dejando en unos diez días un pulcro ombligo en el nuevo animal.

Tras el nacimiento del primer gatito, le sigue el resto de la camada, que pueden venir a intervalos regulares o irregulares. La gata se suele ocupar de todos los gatitos de la misma manera resuelta y aplicada que con el primero de ellos.

La gata lamerá con su lengua áspera la membrana que rodea el cuerpo de los recién nacidos para estimular la respiración.

Una vez que hayan nacido todos los gatitos, la hembra se encarga de limpiarse tanto las partes genitales de su cuerpo como las patas.

Una vez concluido el parto, la gata reúne a todos los gatitos y les rodea con el cuerpo para que empiecen a mamar de forma inminente. Al mismo tiempo que realiza esta operación, la hembra suele ronronear de manera satisfecha mientras acaricia a los animalillos con las patas y la cabeza. Los cachorros y la madre permanecen juntos en el nido una media de diez a doce horas después del parto.

La ingestión de la placenta le proporciona a la gata el suficiente alimento como para alimentar a los pequeños durante un día entero después del parto.

Las necesidades de los gatitos, orinar y defecar, sólo se produce cuando la madre les estimula a hacerlo por medio de la lengua. Una vez que la madre les ha dado de mamar y se encuentran ya bien alimentados, la gata lame y lava a cada uno de ellos, manteniendo de esta forma el nido o el cajón completamente limpio y pulcro.

A las cuatro o cinco semanas del nacimiento, los gatitos comienzan a comer comida sólida, momento en que la madre anima a los pequeños a realizar sus necesidades fuera del cajón para que éste se mantenga limpio. Es en ese periodo de tiempo cuando la gata también suele tener la urgencia de trasladar la camada a otro sitio, para evitar de esta forma la presencia o la atención de posibles depredadores. Este comportamiento instintivo es habitual tanto en la gata salvaje como en la doméstica. Una

vez que la gata ha encontrado otro nido limpio y seguro, traslada a los gatitos uno a uno a la nueva ubicación. La forma de trasladar a los cachorros es agarrándolos por el cuello con las mandíbulas y sin utilizar los dientes. Lo normal es que los gatitos no sufran ningún tipo de daño durante el traslado.

Según van creciendo los gatitos, la madre les proporciona cada vez menos cantidad de leche, al tiempo que les enseña juegos que simulan la caza y la lucha. En el caso del estado salvaje, la gata no permitirá que los gatitos se marchen o sean totalmente independientes hasta que su crecimiento no es prácticamente completo.

COMPORTAMIENTOS INSÓLITOS

Todos los propietarios de un gato doméstico habrán podido comprobar en algún momento de la vida del animal que éste se comporta de una manera insólita, rara y extraña. La ejemplificación de algunos de estos comportamientos insólitos del gato puede ser que el felino lama un vestido, orine en las paredes, defeque fuera del cajón de las piedras, se restriegue hasta despellejarse o mate a sus cachorros.

Para llegar a comprender algunos, muchos o todos los comportamientos extraños del gato hay que remontarse a su génesis como animal cazador, salvaje y depredador, es decir, se debe contextualizar al gato dentro de su ambiente y dentro de su hábitat original y originario.

A medida que el gatito va creciendo, la madre le va enseñando juegos que simulan la caza y la lucha.

Un tipo de comportamiento, que resulta insólito a aquellas personas que no han convivido nunca con un gato, es cuando el animal se encapricha de un objeto en particular.

De hecho, los comportamientos que se encuentran en el gato doméstico fueron seleccionados en el ambiente natural en un pasado, porque de esta manera el felino obtenía, de una u otra forma, una serie de ventajas tanto para la supervivencia como para la reproducción. No se debe olvidar que el gato es un organismo viviente que el ser humano ha traído a las casas y los apartamentos de las ciudades, es decir, el gato se ha adaptado a vivir dentro de cuatro paredes, pero sigue manteniendo algunas de sus características de animal salvaje.

En esta línea evolutiva, se explica perfectamente que el comportamiento de rociar con orina o defecar en determinados sitios no es considerado insólito en el mundo felino, sino que es una actitud normal de la conducta del gato a la hora de marcar su territorio o de impregnar de olor objetos, cosas o personas.

También puede darse la circunstancia de que el animal orine o defeque en demasía por cada rincón de la casa. En estos casos, dicho comportamiento puede ser debido a una reacción natural ante un susto, al estrés de sentirse abandonado por el dueño o, incluso, a la intrusión de otro animal extraño y desconocido dentro de sus límites territoriales establecidos.

El gato se ha adaptado a vivir con el ser humano y con otros animales, a pesar de su instinto cazador.

Una actitud mucho más grave es si el gato realiza acciones que le ocasionen heridas o lesiones en el cuerpo. En este supuesto, el animal puede reaccionar de esta manera si se le deja solo en casa durante periodos excesivamente largos de tiempo. De hecho, este tipo de comportamientos suelen ser, de algún modo, habituales entre animales que se encuentran encerrados en zoológicos o en jaulas durante mucho tiempo. Afortunadamente, suele ser raro que el gato doméstico, tal y como lo conocemos, llegue a tales extremos; pero en el supuesto de que reaccione de dicha manera no significa que sea un gato paranoico o loco, sino que seguramente responda a acciones previas realizadas por el ser humano. De esta manera, el gato muestra externamente su malestar y desagrado por una acción llevada a cabo por el dueño.

No cabe duda, por tanto, de que muchos de los comportamientos que se observan en el gato parten de una base biológica del animal, ya que los felinos se han desarrollado y crecido siempre en la naturaleza; pero también es cierto que los gatos domésticos pueden llegar a tener reacciones insólitas, no descritas en la naturaleza, pero expresadas dentro del ambiente familiar y casero, debido a que el gato ya ha nacido dentro del nuevo ambiente y del nuevo hábitat urbano.

Así, por ejemplo, la petición de ayuda o asistencia por parte de una gata en celo a su dueño es algo que, teóricamente, no tiene ninguna explicación desde el punto de vista biológico, ya que las hembras en el mundo salvaje paren solas en lugares apartados. Por ello, se puede deducir que la relación del gato doméstico y su amo ha hecho nacer entre ambos una circunstancia y un comportamiento completamente nuevo que antes no se daba en el mundo salvaje.

Lo mismo sucede con los eventuales procesos de automutilación de los gatos domésticos, es decir, cuando la gata mata a algunos de los cachorros de la camada. Es cierto que en la naturaleza puede darse este supuesto, pero siempre tiene alguna explicación lógica: ya sea porque los pequeños han nacido con alguna malformación o porque la madre se encuentra en condiciones físicas precarias y no puede alimentar a todos los cachorros. Sin embargo, si sucede dentro de un ambiente doméstico, donde la madre tiene comida y alimento de sobra, dicha actitud se considera, obviamente, insólita.

Relación afectiva entre gato y hombre

Dentro de la relación entre los gatos y aparte del vínculo afectivo que une a la gata con sus cachorros, lo cierto es que los felinos domésticos, al igual que los gatos salvajes, no manifiestan o no suelen manifestar un apego especial hacia sus congéneres, es decir, hacia el resto de miembros de la comuna o hacia el resto de animales de la casa, ya sean de la misma especie o de distinta clase.

En este sentido, dos gatos domésticos que vivan en la misma casa pueden hacerse compañía entre ellos pero nunca alcanzarán una relación afectiva intensa como puede suceder entre el gato y su dueño. En estos casos, relación amo-gato, la vinculación que se establece entre el gato y el dueño es tan fuerte que, en ocasiones, el único vínculo importante y profundo del felino es aquel que le une directamente con su propietario. De hecho, la relación entre el gato y el hombre suele ser mucho más estrecha que aquella que surge entre dos gatos. En estas ocasiones, el animal une y fusiona en una única entidad el lugar donde vive felizmente, bien alimentado y cuidado con la figura del dueño, a la que el gato se siente profundamente ligado.

El gato suele elegir a la persona que más tiempo pasa en casa o a aquella que no duda en dirigirse a él con una caricia o con una palabra, sin llegar al exceso, para establecer ese vínculo especial y profundo de afecto y amistad entre el animal y el humano.

Evidentemente, el infanticidio sólo aparece cuando hay algo que no funciona, que no marcha. En este supuesto casero, la reacción de la gata puede ser debida a tensiones o miedos repentinos o a un excesivo mimo de los dueños hacia los cachorros, manoseándolos y tocándolos en exceso.

Otro tipo de comportamiento insólito, aunque no tan extraño como los descritos anteriormente, ya que en este caso el animal no se lesiona ni causa daño a los demás, es cuando el gato se encapricha de una presa, de un objeto en particular o de una comida concreta. Así, por ejemplo, no será raro que si el felino se encuentra con una lata de aceitunas abierta, intente sacar con la pata una de ellas y dejarla en el suelo; seguramente, al cabo de media hora, el gato habrá extraído del bote todas las aceitunas, que estarán rodando por el suelo mientras el animal se revuelca sobre las olivas. Evidentemente, cualquier persona que vea esta escena puede pensar que el animal se ha vuelto completamente loco y que su reacción no es en absoluto normal o acorde con la forma de ser y la personalidad del felino; sin embargo, parece que dicho comportamiento es mucho más habitual de lo que a primera vista parece.

Cómo escoger al gato

EL GATO, INDEPENDIENTEMENTE DE LAS CIRCUNSTANCIAS PERSONALES DE CADA UNO, ES SIEMPRE UN ANIMAL DOMÉSTICO Y DE COMPAÑÍA. YA SEA PORQUE LA PERSONA TIENE TIEMPO SUFICIENTE PARA ESTAR EN CASA Y CUIDAR DEL ANIMAL O POR TODO LO CONTRARIO, PORQUE NUNCA ESTÁ EN CASA Y NO DISPONE DE TIEMPO PARA ATENDER A OTRO TIPO DE ANIMAL DOMÉSTICO O, INCLUSO, PORQUE ES UNA PERSONA MAYOR Y NECESITA DE COMPAÑÍA, LO CIERTO ES QUE EN TODOS ESTOS CASOS Y SUPUESTOS EL GATO ES EL ANIMAL PERFECTO PARA EL HOMBRE. ADEMÁS, SE DA LA CIRCUNSTANCIA DE QUE EL GATO ES UNO DE LOS ANIMALES CASEROS MÁS FÁCILES DE CUIDAR. OTRA VENTAJA DEL GATO ES QUE NECESITA POCO ESPACIO Y, EN CASO NECESARIO, SIEMPRE PUEDE ESTAR DENTRO DE LA CASA. NI QUE DECIR TIENE QUE EL GATO ES EL ANIMAL DOMÉSTICO IDEAL Y PERFECTO PARA TODAS AQUELLAS PERSONAS QUE VIVEN EN UN APARTAMENTO EN LA CIUDAD.

Una vez que tenga decidido que el animal doméstico que quiere, que le gusta y que se adapta a su estilo de vida es el gato, tiene que valorar atentamente las posibilidades reales de tener al animal junto a usted mientras viva. Los animales no son objetos de los que uno pueda deshacerse o desprenderse cuando molestan o cuando no se tiene tiempo para ocuparse de ellos, sino que es un ser vivo que hay que mantener, cuidar y ocuparse de él.

Única y exclusivamente cuando se esté completamente seguro de la intención y seriedad de la propuesta, es decir, de tener un animal en casa, se podrá comenzar a valorar todos los aspectos relacionados con la elección del gato.

CONSEJOS PARA ELEGIR BIEN

Una vez que la persona ya está convencida de que desea tener un gato, es cuando debe tomar algunas decisiones.

• ¿Por qué un gato con pedigrí? Si está interesado en las exposiciones y en la cría de la raza, evidentemente, debe seleccionar un gato de raza con pedigrí. La selección de la raza es una cuestión personal, pero no debe olvidar que las especies de pelo largo precisan un mayor aseo personal y una mayor atención que las razas de pelo corto o, por ejemplo, que la raza siamesa es una especie más exigente, más bulliciosa y que madura con más rapidez. Además, la elección de un gato con pedigrí requerirá de la opinión de un experto; por eso, será conveniente que vaya acompañado de un entendido para que le explique las peculiaridades de la raza y la selección idónea del cachorro. Las razas con pedigrí son económicamente más caras que las especies comunes, situación que deberá tener en cuenta a la hora de la adquisición de la misma.

• ¿Por qué un gato sin pedigrí? Como norma general, el objetivo de tener un gato en casa

Si está interesado en las exposiciones y en la cría de la raza debe seleccionar un gato de raza con pedigrí.

El gato es uno de los animales domésticos más fáciles de cuidar.

es la compañía que éste aporta a la vivienda. Para cubrir esa necesidad, el dueño no necesita, en absoluto, un ejemplar de raza.

• ¿Macho o hembra? Tanto un macho castrado como una hembra esterilizada pueden llegar a ser igual de cariñosos y amables en la vivienda. En este sentido, no es aconsejable adquirir un gato sin castrar ya que tenderá a rociar orina por la casa, vaganbundeará en busca de hembras y se peleará con otros gatos. Tampoco es aconsejable adquirir una hembra fértil, a no ser que sea destinada a la cría por una cuestión de raza, ya que tendrá ciclos periódicos de fecundidad y embarazos no deseados. En ambos casos, la esterilización y la castración del animal elimina estos inconvenientes y hace que el animal sea mucho más cariñoso y casero.

• ¿Cachorro o adulto? Un gato pequeño resulta mucho más atractivo e interesante que un animal adulto, pero también requiere mucha más atención y cuidados. Sin embargo, los gatitos se suelen adaptar con bastante rapidez al nuevo ambiente. En el caso de que decida adquirir un gato grande, procure tenerle en casa durante los primeros días, para evitar que intente regresar a su antiguo hogar.

• ¿Uno o varios gatos? Si el presupuesto es limitado y reside en un pequeño apartamento, no tiene mucho sentido plantearse esta pregunta. Sin embargo, en aquellas casas o pisos que permanecen deshabitados gran parte del día porque el dueño se encuentra fuera, un único gato puede llegar a sentirse muy solo; en estos supuestos, el propietario puede optar por adquirir dos animales que se hagan compañía mutuamente.

CONSEJOS PARA ADQUIRIR UN GATO SANO

A la hora de adquirir un gato, el nuevo propietario puede dirigirse a diferentes lugares y establecimientos. En estos casos, puede tener en cuenta las recomendaciones personales de amigos o conocidos que conozcan el mundo de los gatos, pero la decisión final dependerá del tipo de gato que se desee comprar, la raza y la cantidad de dinero que se esté dispuesto a desembolsar.

Es importante que no se precipite en la compra sin haber comprobado antes la procedencia y el estado físico del animal.

• Compra directa al criador. Si se ha decidido por un animal de raza, lo mejor es acudir a un criador especialista, a pesar de que este camino resulte el más costoso. Antes de dirigirse a uno en concreto, es conveniente que disponga de las direcciones y los nombres de varios de ellos. La manera de obtener el nombre de los criadores es recurrir a la tienda especializada de la localidad o de la zona, o asistir a algunas de las exposiciones felinas y contactar con ellos directamente. Aunque, en ocasiones, los gatos de las exposiciones suelen estar también a la venta, lo mejor es quedar con el criador y conocer al resto de la familia, de esta manera observará las condiciones en las que ha sido criado el animal y comprobará cómo se comporta el gatito fuera del bullicio y del ruido de la exposición.

• Adquisición en una tienda de animales. La compra en una tienda especializada tiene sus pros y sus contras. Por un lado, este tipo de animales expuestos en un establecimiento suele tener cierta propensión a padecer enfermedades e infecciones propias de las tiendas; y por el contrario, el coste económico del animal es moderado si se compara con otros precios. Si decide adquirir el animal en un establecimiento, lo mejor será que revise e inspeccione bien al gato.

• Adquisición en sociedades protectoras. Este tipo de establecimientos ofrecen animales sin pedigrí y a poco precio o, incluso, gratis.

• Certificados de salud y vacunas. Lo más recomendable a la hora de adquirir un nuevo gatito es contar previamente con un examen del veterinario, sobre todo si el ejemplar que se va a comprar es caro y con

Conviene consultar a personas que conozcan el mundo de los gatos antes de decantarnos por uno determinado.

pedigrí. Para ello, lo mejor será contactar con un médico veterinario para que emita un certificado de salud del animal en cuestión. Si adquiere el gato sin la certificación previa, lo recomendable es acudir al veterinario lo antes posible para que le examine. Si se compra un cachorro, se debe asegurar de que el pequeño ha sido vacunado contra la panleucopenia y la gripe felina; y si se trata de un animal adulto, comprobar si el gato ha sido vacunado de pequeño y ha recibido las dosis de refuerzo correspondientes. Todas las vacunas que haya recibido el gato deben constar en el certificado correspondiente del animal.

• Registro del gato con pedigrí. Todos los animales de raza con pedigrí deben ser registrados hacia las cinco semanas de edad bajo un nombre individual, y en donde queden apuntados igualmente diferentes detalles del felino como color y nombre de los progenitores. Si no se realiza de esta forma, el animal no podrá participar en exposiciones ni certámenes.

• ¿Cómo elegir al gato idóneo? Cuando adquiera un nuevo gato, intente elegir aquel que parezca despierto, amistoso y juguetón. En el caso de elegir un cachorro, la mejor opción es quedarse con el más grande y audaz, es decir, el primero que se acerque hacia usted, en lugar de quedarse con el más pequeño y retraído de todos.

COMPROBACIONES EN EL MOMENTO DE LA ADQUISICIÓN

La norma principal a tener en cuenta a la hora de adquirir un animal, independientemente del tipo de gato, de raza o del momento de la adquisición, es realizar un examen detallado y pormenorizado del estado del animal y de salud del mismo.

En ningún caso debe comprar un animal que a primera vista parezca enfermo o débil, por mucho que el comprador insista una y otra vez en las cualidades o estado de salud del felino. En el supuesto de que no le dejen examinar al gato, tome la determinación de no comprarlo.

Antes de iniciar la inspección y el examen correspondiente al gato, debe primeramente lavarse las manso y jugar con el animal. Una vez hecho esto, decida coger al animal con firmeza, pero sin brusquedad. A continuación, obsérvelo con

A la hora de adquirir un animal debemos realizar un examen detallado y pormenorizado del estado de salud del mismo para comenzar con las revisiones periódicas en el veterinario.

calma y examine todas las partes de su cuerpo. Evite, igualmente, cualquier tipo de movimiento brusco, ya que puede asustar al felino.

El examen del animal supone realizar las siguientes observaciones preliminares:

• Sexo del gatito. Aunque determinar el sexo del animal adulto es relativamente fácil, sin embargo la diferenciación entre un gatito hembra y uno macho no lo es tanto. Para realizar tal operación, debe levantar el rabo y observar el orificio que está justo debajo del ano. En el caso de que sea gata, ésta suele tener la vulva muy próxima al orificio anal, dando la sensación de que las dos aberturas se encuentran casi juntas. Por el

contrario, en el caso de que el animal sea macho, éste tiene una zona elevada justo debajo del ano, que con el tiempo dará lugar a los testículos, apareciendo por debajo de la misma el pene.

• Pelaje. Antes de adquirir el animal debe cerciorarse de que el pelaje del gato está suave y brillante. Igualmente, deberá observar si el animal tiene presencia de pulgas o de otro tipo de parásitos.

• Orejas. Las orejas del gatito deben estar limpias y secas, al tiempo que observa que no tengan cera en su interior.

• Ojos y nariz. Examine si los ojos están limpios y brillantes y que la nariz se encuentra perfectamente húmeda.

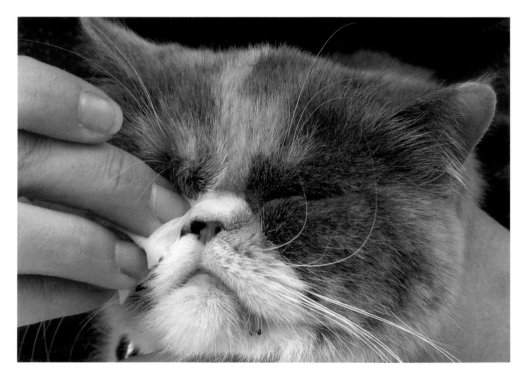

Un gato sano tiene los ojos limpios y brillantes y la nariz, siempre húmeda.

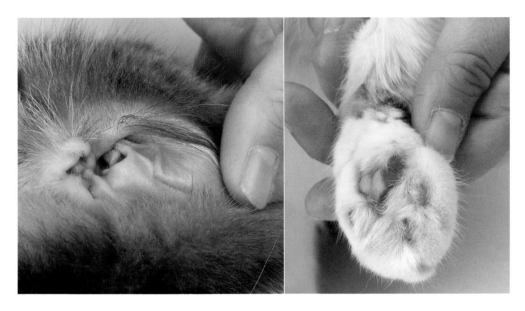

Antes de adquirir un gato, el veterinario realizará un control exhaustivo del estado de salud general del animal.

• Boca y dientes. Un gato sano debe tener una boca de color rosáceo y unos dientes blancos, así como unas encías que no muestren ningún tipo de inflamación.

• Zona anal. Para examinar la zona anal y próxima al ano, deberá comprobar si el gatito tiene diarrea. Para ello, deberá examinar si dicha zona se encuentra perfectamente limpia o dispone de algún resto orgánico.

• Abdomen. El abdomen del gatito tiene que ser redondeado, pero no duro. Asegúrese de ello pasando una mano con suavidad por debajo del abdomen, para comprobar si el gatito tiene bultos. Otra prueba es dejar que el gato ande y se mueva libremente por el suelo, para comprobar así si el animal es cojo o tiene las extremidades en perfecto estado.

PREPARAR LA CASA PARA EL GATO

Antes de adquirir y llevar al gato al hogar, conviene tener la casa medianamente preparada para acoger al nuevo inquilino.

• Equipo esencial para el gatito. Aunque las tiendas de animales e, incluso, los criadores de gatos venden o recomiendan tener un sinfín de productos y elementos para el gato, lo cierto es que los instrumentos esenciales para el nuevo gatito son pocos. Los dos artículos más importantes, que siempre se deben tener en la casa, son la cubeta para los excrementos y la cesta o cama para gatos. Aunque el animal puede llegar a dormir prácticamente en cualquier sitio o en aquel lugar que le parezca más cómodo, es recomendable que disponga de su propio lecho. También es importante disponer de dos escudillas, una para el agua

Una vez que el gato se ha familiarizado con todas las habitaciones de la casa, es cuando deberá permitir que los otros animales entren en la habitación donde se encuentra el nuevo inquilino, y siempre delante de la presencia de una persona para evitar que los animales se ataquen.

y otra para la comida, y que éstas se encuentren en todo momento limpias y lavadas. Igualmente, el gato precisará de un equipo de aseo, es decir, de una cesta para transportar al animal de un sitio a otro y de un collar con una placa de identificación. Para ello, deberá comprar de un collar elástico para que el animal no se ahogue en el caso de que se quede aprisionado en algún sitio.

• Equipo aconsejable. Además de los artículos descritos anteriormente, hay otra serie de elementos que pueden ser muy útiles para el animal, como por ejemplo un parque, una almohadilla y varios juguetes. El parque le proporcionará al animal un ambiente seguro y práctico hasta que se vaya acostumbrando a los rincones y lugares de la nueva casa; una almohadilla o barra de rascar puede servir al gato para que se

rasque las garras y no arañe los muebles; y los juguetes servirán para que el animal se entretenga con objetos o instrumentos divertidos y blandos.

• Presentación del gato a otros animales domésticos. Cuando traslade al gatito a la nueva casa, deberá, al principio, alejar momentáneamente al felino del resto de animales domésticos que haya en el hogar, al menos hasta que el recién llegado haya explorado toda la vivienda y todos sus rincones. Sólo a partir de entonces podrá proceder a las respectivas presentaciones al resto de habitantes de la casa. Una vez que el gato se ha familiarizado con toda la casa, es cuando podrá comenzar a realizar las pertinentes presentaciones; para ello, deberá permitir que los otros animales entren en la habitación donde se encuentra el gatito, siempre y cuando usted mantenga al pequeño felino cogido en sus brazos. No olvide que puede existir una cierta antipatía entre los animales que viven en la misma vivienda, y que ésta puede durar horas o semanas, pero al final esta antipatía desaparece con el tiempo. En otras ocasiones, la aceptación inicial es francamente buena, y da lugar a una intensa y duradera amistad. Es importante, por tanto, que el dueño de la casa ofrezca afecto a todos los animales de la vivienda por igual, sin detenerse o mimar a unos más que a otros. Recuerde, igualmente, que los gatos son animales territoriales y que el recién llegado es considerado como un intruso para el resto de los felinos. Deberá proceder, por tanto, a una reordenación social para conseguir una socialización total y completa de todos los animales.

TRASLADO Y ACOMODACIÓN DEL GATO

Una vez que haya preparado todos los elementos e instrumentos necesarios para la llegada del animal, debe realizar una última ojeada a la casa para comprobar que no se ha olvidado de nada. Una vez comprados, seleccionados y colocados todos los objetos necesarios para el nuevo gatito, es cuando puede ir a recoger al inquilino.

• Transporte del gato. Es importante que transporte al gatito en un recipiente adecuado. En este sentido, deberá evitar mover o transportar al gato en una bolsa o en una caja de cartón. En el caso de que haya adquirido un animal adulto, es recomendable que adquiera o que el antiguo dueño le deje la misma cama o el mismo recipiente donde realiza sus necesidades, de esta manera el animal no se sentirá extraño

El gato será transportado en recipientes creados para tal fin, evitando trasladar al animal en otro tipo de cajas. Estas jaulas y bolsas de transporte se venden en tiendas especializadas.

Dejaremos al gato que investigue y se familiarice con su nuevo hogar a su propio ritmo.

primeras excursiones al exterior, al tiempo que lo sujeta por medio de un collar por si se pierde. En cualquier caso, no es conveniente que los gatitos salgan fuera de la casa cuando hace mal tiempo o cuando es de noche, independientemente de la edad del animal.

CÓMO SER UN DUEÑO RESPONSABLE

Tomar la decisión de comprar o adquirir un gato no puede hacerse a la ligera. Primeramente debe saber y conocer el mundo del felino, qué tipo de raza desea adquirir, dónde va a residir el animal, comprar los elementos e instrumentos necesarios en la casa para la llegada del gatito, así como acondicionar la

y se habituará más fácilmente a su nuevo hogar.

• Acomodación. Una vez que llegue a la nueva casa con el gatito, lo mejor es que deje que el animal explore a sus anchas toda la casa, permitiendo que entre y salga de cada habitación y estancia libremente. En este momento conviene, si tiene niños pequeños u otro tipo de animales, que el resto de los habitantes de la casa no molesten al gatito en su primera exploración inicial.

• Salidas fuera de la casa. Durante la primera semana, es recomendable que juegue y toque al gato continuamente, anteponiendo esta obligación a cualquier otra. De igual forma, deberá preguntar a su anterior propietario o criador, en el caso de ser un animal adulto, cuáles son las preferencias alimenticias del animal, para intentar buscar y suministrar aquello que más le gusta. Cuando el gato pueda salir fuera de la casa, es conveniente que el dueño acompañe al felino durante sus

Debemos comprar los elementos e instrumentos necesarios para la llegada del gatito.

vivienda para él, y por último, asumir ciertas responsabilidades legales por el hecho de poseer un animal de compañía en la vivienda.

• Aprendizaje. La mejor manera de enseñar al gato es establecer una serie de rutinas y hábitos desde el mismo inicio en que el animal entra en la casa. Para ello, lo primero de todo es habituar al gatito al control de la orina y de los excrementos; y después a suministrarle la comida y asearle a horas fijas y determinadas del día. Igualmente, es aconsejable que el felino sea enseñado a responder a su propio nombre; en este extremo, el propietario debe utilizar de forma regular el nombre del animal cuando le dé de comer o cuando vaya a asearlo. También es recomendable que el animal aprenda a utilizar las puertas para gatos o puertas basculantes; seguramente, al principio el gato tenga miedo a quedar atrapado cuando pase, pero una vez que haya aprendido que esa posibilidad es prácticamente imposible, la utilizará regularmente. De igual forma, el gato deberá aprender un comportamiento negativo, es decir, el animal tiene que aprender a no morder los objetos o a no saltar sobre las personas; la manera más enérgica y práctica de aprendizaje en este sentido es diciendo un «No» fuerte y alto desde que el animal es pequeño, ya que si opta por correr detrás del mismo cuando hace algo que no debería, el gato puede interpretarlo como un juego y no como un comportamiento incorrecto. En algunos casos, los propietarios enseñan a sus gatos determinados gestos o posturas para pedir comida por medio del

SEGURIDAD DENTRO DE LA CASA

La naturaleza curiosa de los gatos puede llegar a ponerlos en peligro en multitud de ocasiones, incluso cuando el ambiente casero parece seguro. Por eso, antes de que el animal llegue a la casa, es recomendable evitar, lo más posible, los futuros riesgos y trasladar los objetos peligrosos fuera del alcance del felino. Algunos consejos para la seguridad de un hogar con gatos son los siguientes:

• No dejar a la vista utensilios cortantes.

• Esconder en un lugar seguro y poco accesible aquellos productos que son considerados tóxicos. Un gato es capaz de jugar con un bote o recipiente y morderlo hasta que se rompa.

• Impedir que el gato camine sobre la cocina, y en particular sobre el fogón de la misma. La cocina es una de las habitaciones de la casa más peligrosas para cualquier animal.

• No permitir que el animal se acerque a la cocina si está cocinando con líquidos muy calientes.

• No dejar a la vista bolsas de plástico, ya que si el animal se mete dentro de la misma puede llegar a ahogarse.

• Impedir que el animal se acerque a la plancha, o que pueda llegar con relativa facilidad cuando está encendida.

• No dejar objetos pequeños a la vista del gato, ya que puede llegar a tragárselos, a pesar de su instinto frente al peligro.

• No permitir la entrada del animal en balcones altos. Evidentemente, los peligros que ofrece un piso o apartamento en la ciudad son muy diferentes a los de una casa de campo.

El gato con pedigrí debe disponer de una célula de venta y de raza y se debe corresponder con el felino adquirido por el propietario.

sistema de recompensa: una vez que el gato ha hecho un gesto, el dueño le recompensa con una caricia o con una golosina. Aunque esta técnica es altamente eficaz para otros animales, como el perro, en el caso del gato no es al cien por cien efectiva, ya que el felino repetirá el ejercicio enseñado si le apetece y si lo desea, y no por mucho que se le indique.

• Derechos y responsabilidades del propietario. En muchos países no es preciso disponer de una licencia para tener un gato o para criarlo, pero sin embargo en otros, como en Gran Bretaña, existen limitaciones legales a la venta y compra de animales domésticos. En el caso de que compre un animal con pedigrí, el gato descrito en la célula de venta y de raza se debe corresponder con el felino adquirido por el propietario. En el caso de los daños causados por el gato en otras propiedades, es el dueño del animal el responsable de tales daños en propiedades ajenas, tales como excavar en el jardín, enterrar excrementos o arañar cosas u objetos. Cuando se realiza un viaje por carretera en un vehículo y no hay ninguna persona dentro del coche que se pueda ocupar del control del animal, el dueño del mismo deberá transportarlo dentro de una cesta de viaje; en el supuesto de que viaje al extranjero, debe tener muy presentes las normas y leyes vigentes en cada país de destino, ya que suele haber fuertes

restricciones a la importación o exportación de animales.

• Tratamiento y abandono del felino. Las leyes sobre posesión de un gato y su tratamiento varían de unos países a otros. En algunos casos, la norma obliga al propietario del animal a salir a la calle con el gato con correa, mientras que en otros territorios esta prescripción no existe. Lo mismo sucede en el caso de abandono. Así en algunos estados sólo se castiga la crueldad extrema con el animal mientras que en otros el hecho de abandonar al gato en la calle ya supone un hecho reprobable y penado.

NORMAS BÁSICAS DE COMPORTAMIENTO Y ATENCIÓN PARA CON EL GATO

• Alimentar al gato de forma regular en la escudilla propia del animal y mantener el recipiente separado del resto de la vajilla de la casa que es usada por los humanos.

• Disponer de una cama propia para el gato y no dejar que utilice la del dueño o la de cualquier otro miembro de la casa.

• Es aconsejable limpiar a diario la cubeta de piedras donde el animal realiza sus necesidades.

• Si no desea que el gato tenga cachorros, consultar con el veterinario cuáles son las técnicas y sistemas de esterilización más comunes.

• Llevar al gato al veterinario de manera regular. No esperar a un caso de emergencia para asistir al facultativo.

• Asegurarse de aplicar sin retraso las correspondientes vacunas que son aconsejables para el animal.

• Asear al animal de forma regular, sobre todo si es un gato de pelo largo, y comprobar que no tenga pulgas en el pelaje.

• Establecer lo antes posible unas normas de comportamiento para evitar que raye los muebles o muerda los objetos de la vivienda.

• Si deja solo al animal durante el periodo de vacaciones, localizar a alguien que se encargue del cuidado y aseo del felino.

• Mantener al gato dentro de la vivienda cuando en la calle haya mucho bullicio o mucha circulación de coches. Igualmente, evitar que el animal salga a la calle de noche.

• Si compra un nuevo animal o se traslada de casa, nunca le deje salir a la calle hasta que no se haya habituado al nuevo hogar.

• Si la gata ha tenido camada, no intentar quitarle los gatitos hasta que éstos no tengan, como mínimo, seis meses de la edad.

El gato en casa

El hecho de comprar un gato para casa significa mucho más que la simple incorporación de un animal doméstico al hogar. El nuevo propietario deberá tener presente que el gatito necesitará un aprendizaje y unas pautas de comportamiento dentro de la casa, y que el dueño deberá, igualmente, aprender a tratarlo y a cuidarlo día a día. El hecho de cuidar y mantener en buen estado al nuevo inquilino es algo de sentido común, es decir, los compromisos que deberá soportar no son ni exagerados ni suponen un trabajo extra importante.

Si bien, es importante que antes de que el gatito se incorpore al nuevo hogar, el dueño ya haya comprado ciertos elementos para el animal y haya acondicionado la casa para acoger al animal doméstico: cama, cesta de transporte, puerta basculante, recipiente para la arena, alimentación adecuada e instrumentos de aseo.

ADAPTACIÓN A LA VIDA EN CASA

El gato es el único animal de compañía criado por el hombre que se adapta perfectamente al hábitat de la casa, ya se trate de una vivienda con jardín o de un pequeño apartamento.

Los felinos domésticos son animales, por lo general, tranquilos y más dados al reposo que a la acción; además, otra ventaja de los gatos es que no necesitan practicar ejercicio habitualmente ya que mantienen el tono muscular y la funcionalidad fisiológica del organismo de manera natural. Debido a estas circunstancias, el felino doméstico puede pasar toda su vida dentro de un pequeño apartamento sin ningún tipo de problema ni físico ni psíquico.

El único inconveniente y advertencia es que no es recomendable adoptar un gato que ha sido vagabundo, ya que echaría en seguida de menos la libertad de movimiento y las sensaciones de la vida campestre y/o callejera.

También es cierto que determinadas razas de gatos, debido a su peculiar temperamento, necesitan más espacio, que puede ser suministrado fácilmente en un piso relativamente grande y con terraza. Aparte de estos casos excepcionales,

Por norma general, los gatos se adaptarán perfectamente al hábitat de la casa.

cualquier vivienda puede llegar a ser acogedora y buena para el gato, ya sea cachorro o adulto. Independientemente de lo dicho anteriormente, si la casa dispone de mucho más espacio que el recomendable o es una vivienda unifamiliar con jardín, el animal se encontrará mucho más a gusto que si se encuentra en un pequeño apartamento de la ciudad, donde sus movimientos van a ser más restringidos.

LA LLEGADA A CASA Lo primero que

se debe hacer cuando el nuevo inquilino llega a la casa es establecer su zona vital, es decir, determinar dónde está la bandeja de arena para sus necesidades y los respectivos comederos con alimento y agua.

La bandeja de la arena debe colocarse en un lugar donde al dueño no le importe que el animal, después de hacer sus necesidades, desparrame algunas de las piedras fuera del cajón. Igualmente, el aseo debe estar colocado en un sitio donde el gato pueda acceder en cualquier momento del día o de la noche.

Si el dueño desea que el animal no entre en determinadas habitaciones o estancias de la casa, éstas deberán permanecer siempre cerradas, ya que de lo contrario el gato entrará o se introducirá en las mismas.

La cama del felino debe ser blanda y localizada en una esquina tranquila de la casa, o bien colocada cerca del propietario. Si bien, se debe tener en cuenta que muchas veces el dueño no elige ni la cama ni el lugar donde el animal duerme, ya que el gato no está obligado a dormir en el lecho que se indica si no le apetece o agrada. Por esta razón, el nuevo propietario del minino debe hacer todo lo posible para inducir al felino a elegir como lugar de reposo y descanso la estancia seleccionada por él.

En el caso de que el gato prefiera dormir en la cama del amo o en algunos de los sillones de la casa, será el dueño el encargado de echarlo de esa ubicación llevándolo a otro sitio. En ningún momento se debe asustar al felino por medio de voces o gestos intimidatorios. Si se realiza la operación correctamente, el gato comprenderá en seguida que no le está permitido hacer tal o cuál cosa.

El dueño del gato debe obligar al felino a elegir como lugar de reposo y descanso la estancia seleccionada por él.

El felino debe tener su propia cama, aunque a veces no la utilice.

La cualidad curiosa del gato le lleva a éste a husmear y explorar todos los rincones de la casa, incluidos aquellos muebles abiertos por los que puede introducirse. Por esta razón, el dueño debe tener mucho cuidado en no dejar encerrado al animal por un descuido y de forma inadvertida dentro de un armario.

LA CAMA DEL GATO

Aunque el animal decida cualquier otro lugar o rincón de la casa para dormir, el dueño del gato deberá comprar siempre una cama donde teóricamente el felino va a descansar y va a dormir la mayor parte del día.

Hay varios tipos de cama para el gato que pueden ser adquiridas en cualquier tienda especializada para animales. Hay desde camas-almohadones grandes y redondeadas hasta auténticos iglús de plástico para gatos. Otra variedad de camas es la tradicional cesta de mimbre, que suele agradar bastante a los gatitos pero que no es fácil de limpiar y asear.

Otra alternativa es elegir una caja de cartón o de madera repleta de papel de periódico. Además, como el cartón es un elemento desechable puede tirarse y sustituirse por otra caja cuando la primera ya esté sucia o fea.

Para que la cama sea cómoda, deberá introducir dentro de la misma un relleno limpio y cálido. Puede optar por poner papel de periódico o una tela o colcha fina.

Los gatos son, en general, animales limpios y aseados, por eso será suficiente que cuide el envoltorio de la cesta y que reponga de vez en cuando el interior de papel o de tela para que el continente se mantenga higiénico.

La hora de dormir del gato es uno de los momentos más difíciles para el dueño. Lo primero, porque el amo no puede forzar al animal a que se vaya a su cama y se duerma, por mucho que la persona se empeñe en llevar al felino hasta su lugar de descanso. De hecho, son muchos los gatos que tienen problemas para adaptarse a los hábitos y rutinas horarias de los humanos. Además, la mayoría de las veces que usted vaya a coger al gato para llevarle a su cama, lo encontrará o en la cama del dueño o en algunos de los sillones o lugares más cálidos de la vivienda, independientemente de que el lecho del animal sea uno de los más confortables y cómodos.

Ante esta situación, el dueño puede optar por dejar que el gato duerma donde quiera, siempre y cuando no le importe dormir con el gatito enrollado encima de la cama, o por establecer una serie de rutina nocturna impidiendo que el animal duerma encima de la cama. Si desea que el felino duerma en su sitio, deberá llevarle a su cama y cerrar la puerta del cuarto para que no pueda entrar en la habitación. Al principio, es posible que el gatito deteste el comportamiento obligado, llegando incluso a protestar de alguna manera, pero al cabo de una semana o dos, y una vez establecida la rutina necesaria, el animal podrá dormir sin problemas cada noche.

INSTALACIÓN DEL GATO EN UNA CASA CON JARDÍN
Es conveniente tener encerrado al gato, ya sea cachorro o adulto, durante unos días dentro de una casa con jardín para evitar que se escape y se adapte al nuevo ambiente. Una vez que el animal ya se ha acostumbrado al nuevo hábitat, el dueño podrá indicarle o llevarle a la zona ajardinada de la vivienda, sabiendo que una vez que el felino haya explorado las dependencias de la casa, regresará al interior de la vivienda.

La ventaja de una casa con jardín es que el gato dispone de una mayor libertad de movimientos y realiza una vida mucho más natural que si estuviese encerrado todo el tiempo entre las cuatro paredes de un apartamento o de un piso en la ciudad.

Otra opción para el gato en una casa de campo es que el animal puede salir de la propiedad a la calle o al campo para realizar sus propias excursiones e incursiones fuera de la vivienda. Corresponde al propietario del gatito decidir si es mejor que el felino disponga de una vida semilibre y no desprovista de peligros externos o de una vida segura dentro de la finca.

Debe permitir que el gato en una casa de campo salga de la propiedad a la calle o al campo.

Un gato doméstico no debe producir ninguna molestia olfativa.

PUERTAS PARA GATOS Una puerta para gatos es sólo útil si el animal tiene libertad para entrar y salir de la casa, ya que la puerta para el gato es una abertura basculante en la puerta de entrada de la vivienda para que el gato pase por ella, es decir, es un hueco pequeño en la parte inferior para que sólo pueda entrar y salir por la misma el animal doméstico. Una vez que esté instalada dicha puerta, el felino podrá entrar y salir siempre que quiera, ya

Hay que intentar que el gato que vive en un apartamento haga ejercicio de vez en cuando.

que la puerta basculante puede moverse en ambos sentidos. También existe la opción de que la puerta para gatos sólo tenga una dirección, de esta forma el gato entrará en la casa pero no podrá volver a salir.

Hay muchos tipos de puertas para gatos, pero ninguna de ellas debe estar a más de seis centímetros de la base de la puerta.

La única desventaja de la puerta basculante es la corriente de aire que puede originar, aunque también existen puertas para gatos con cintas magnéticas en los lados de la misma para que la puerta se mantenga hermética.

Una vez instalada la puerta, ¿cómo se enseña al gato a utilizarla? Algunos gatos son tan listos que no necesitan ser enseñados, otros, por el contrario, necesitan de un pequeño aprendizaje. Para estos últimos, la mejor enseñanza es dejar la puerta en posición abierta y un trozo de comida al otro lado de la misma, ya que tarde o temprano el animal investigará y se atreverá a pasar por el hueco; una vez que el felino haya pasado, baje la puerta y coloque una golosina en el primer lado, al tiempo que se le ayuda a empujar la puerta y a pasar a través de ella.

NORMAS HIGIÉNICAS EN LA CASA

La gran ventaja de tener un gato doméstico dentro de la casa es que es un animal que no produce ninguna molestia olfativa, es decir, si el felino dispone de buena salud, el gato siempre estará limpio y

no desprenderá ningún tipo de olor. Los utensilios e instrumentos necesarios para la completa higiene del gato son los siguientes:

• Bandeja higiénica. El lecho de arena o serrín permite al animal esconder las defecaciones a la vista y al olfato, siguiendo una necesidad instintiva de enterrar los excrementos. No debe olvidar que la bandeja de piedras debe estar siempre limpia por razones higiénicas y también porque el gato puede negarse a utilizar una bandeja que esté sucia.

• Afilaúñas. Otro utensilio higiénico necesario para los gatos domésticos es un soporte sobre el cual se afilen las uñas, ya que las de los felinos crecen de manera imparable. Además, el gato suele tender instintivamente a afilarse las uñas, restregando estos apéndices sobre una superficie de madera o semejante. En el supuesto de que el animal no disponga de un trozo de madera para efectuar tal operación, el gato recurrirá a un mueble para afilarse las uñas. Por ello, es recomendable que coloque una tabla no demasiado dura y que no se resquebraje o un pequeño tronco en un lugar visible de la casa para que el felino proceda allí, y no en el mueble, a afilarse las uñas.

El cajón de arena debe estar siempre limpio por razones higiénicas.

• Cortaúñas. En ocasiones, el simple afilamiento de uñas no es suficiente para el crecimiento de las garras del gato doméstico. En este caso es recomendable recortar las uñas del animal por medio de un cortaúñas de hojas paralelas. Nunca debe optar por la utilización de las tijeras. La manera de proceder con el cortaúñas es recortar sólo la punta de la garra, ya que de otro modo se corre el riesgo de alcanzar el capilar interno, llegando a producir una hemorragia en el animal.

• Maceta. Otra costumbre típica de los gatos es la de ingerir tallos de hierba para liberar el estómago de bolas de pelo o de sustancias no digeridas. Los felinos que no tienen a su disposición un jardín o masa arbórea donde acceder a las plantas, optan por seleccionar una de las plantas de la casa. Si no quiere que el animal acabe destrozando algunas de las plantas de la vivienda, deberá comprar una maceta con hierba para que el gato ingiera todos los tallos que desee y que necesite.

• Cepillado. El gato suele estar buena parte del día dedicado al cuidado del pelo, de esta manera elimina los pelos muertos y la suciedad que se haya podido acumular en el pelaje. La manera de proceder del gato para el cepillado es por medio de la lengua y de las patas. También es conveniente que el dueño del gato cepille de vez en cuando, al menos una vez por semana dependiendo de cada raza, el pelo del gato; normalmente, el animal accederá de buen grado y encantado a esta operación. Para acometer el cepillado, lo idóneo es utilizar un cepillo normal de púas rígidas. Además, el cepillado contribuirá a la salud del animal y reducirá considerablemente el número de pelos esparcidos por las habitaciones de la casa.

MEDIDAS HIGIÉNICAS ESPECIALES

• Aseo del pelo. El cepillado del pelo es recomendable, con una periodicidad semanal, para los gatos domésticos comunes y para los de raza de pelo corto; sin embargo, para los animales de raza de pelo largo es absolutamente necesario y casi imprescindible. En este caso, el aseo del pelaje puede ser

El gato debe disponer de un soporte u objeto sobre el cual pueda afilarse las uñas.

En los animales de pelo largo es imprescindible el cepillado habitual del pelo.

diario, para eliminar los pelos muertos, la suciedad acumulada en el pelo y para desatar los posibles nudos que se hayan podido formar. La manera de proceder en el peinado de los animales de pelo largo es la siguiente: se pasa el peine por el pelo desatando los posibles nudos; a continuación se divide el pelo en mechones y se pasa el peine por cada mechón desde la base hasta las puntas; luego se procede a realzar el pelaje por medio de un cepillo especial con dientes metálicos; y por último, se completa el aseo pasando por el pelo un guante especial que elimina los pequeños restos de suciedad y abrillanta y suaviza el pelaje del animal. En el supuesto de que el pelo del gato esté especialmente sucio, el dueño deberá recurrir a un champú seco para animales.

• El baño. El baño en los gatos debe constituir una medida higiénica excepcional, debido a la especial aversión de los felinos por el agua. Para acometer esta empresa conviene utilizar agua caliente a una temperatura de 38 grados, es decir, la misma temperatura que la del cuerpo del gato, además de utilizar un gel especial para animales o un jabón neutro. La operación de lavado debe ser realizada por el dueño con sumo cariño y cuidado e, incluso, siendo ayudado por otra persona, evitando de esta forma extender el jabón hacia la cabeza del felino. Tanto el lavado como el secado debe ser sumamente cuidadoso y minucioso, realizándose este último por medio de un paño especial para esta operación. Una vez concluido el baño, el gato debe permanecer varias horas en un local caliente y cerrado, a fin de evitar un posible riesgo de enfriamiento. En el caso de que el felino oponga excesiva resistencia al baño, lo mejor es renunciar al aseo con agua y utilizar un champú seco.

• Limpieza de orejas y ojos. Este tipo de medida higiénica debe realizarse únicamente en caso de necesidad. En el caso de los gatos, sobre todo si éstos son viejos, se suele dar una acumulación de cera en las orejas; para proceder a la limpieza de esta porquería acumulada se utiliza un bastoncillo de algodón, previamente humedecido en aceite. Una vez retirada la cera, se completará la operación con la limpieza de las orejas por medio de un

bastoncillo seco. En el caso de los ojos, éstos pueden presentar legañas o durezas; la forma de eliminarlas es con un algodón humedecido en agua tibia, previamente hervida, o con unas gotas de colirio. No se debe realizar ninguna de estas operaciones si el gato opone resistencia y no las acepta.

CÓMO MANEJAR AL GATO Tanto
para el propietario del gato como para el resto de miembros de la familia es prácticamente imposible resistirse a coger al nuevo gatito e, incluso, para el propio animal es una situación placentera y agradable, siempre y cuando se le maneje correctamente.

Para que el animal se encuentre a gusto en los brazos es preciso que se sienta seguro y que confíe plenamente en la persona que le coge. Para ello, el cuerpo del gato debe estar siempre bien sujeto, ya que si el cuerpo del felino se balancea en el aire, el gato moverá la cola en señal de disgusto, si es un animal tolerante. Pero un animal menos compresivo intentará liberarse de cualquier forma, incluso mordiendo.

Si son gatitos jóvenes los que se cogen, requerirán un manejo aún más correcto y seguro que en el caso del gato adulto, ya que la caja torácica de éstos es mucho más frágil. Lo mismo sucede con los animales enfermos, que precisan de cuidados y de unos manejos especiales y cuidados.

La frecuencia y hábito a la hora de coger al gato depende del temperamento del

Para que el animal esté a gusto en los brazos es preciso que se sienta seguro y bien sujeto.

mismo. En el caso de que adquiera al animal con el fin de exponerlo en certámenes, será necesario que acostumbre al gato a estar en brazos ajenos, como por ejemplo los del juez. También es una buena idea que acostumbre al gato a estar en otras manos para que se acostumbre al contacto con extraños.

Una de las maneras más comunes de coger un gato adulto es con una mano alrededor del estómago, justo por debajo de las patas delanteras, y con la otra agarrándole por los cuartos traseros. Una vez que haya cogido así al gato, éste estará mucho más seguro y contento si descansa en los brazos del dueño, con las patas delanteras contra el hombro o bien sujetadas con la otra mano; de esta manera, los brazos sostienen buena parte del peso del animal y éste se puede sentar derecho.

No coja nunca al gatito por el cuello como hace su madre. En lugar de realizar esta postura, deberá colocar una mano alrededor del estómago y la otra ponerla bajo las patas traseras del felino. En esta posición, el gatito debe ser lo suficientemente pequeño como para descansar en la palma de la mano, siempre y cuando la otra mano este colocada alrededor del cuello para poder sostener la cabeza del pequeño.

EJERCICIO EN CASA Si el animal
doméstico vive en un apartamento alto o en una calle con mucho tráfico, quizá lo mejor es que el gato no salga nunca de casa. En estos casos no se preocupe por el felino ya que éste puede ser perfectamente feliz y

El gato se sentirá contento con cualquier objeto con el que pueda jugar.

estar contento entre las cuatro paredes de la vivienda, siempre y cuando pueda realizar algún tipo de ejercicio físico alternativo, como jugar con algún objeto, trepar o correr por la casa detrás de algo.

Para provocar que el gato juegue y a la vez haga ejercicio físico deberá proporcionarle un juguete desde pequeño, ya que con el tiempo el animal seguirá jugando solo con ese mismo objeto o con cualquier otra cosa que encuentre.

GATOS Y CORREAS Como regla
general, el gato es un animal que no disfruta caminando con correa. Tan sólo ciertas razas parecen aceptar la correa con más facilidad que otras: siamés, burmés, azul ruso, extranjero blanco, extranjero negro, extranjero azul y extranjero humo.

En el caso de que al gato no le importe la correa, puede dar paseos cortos con el animal atado, pero nunca debe llegar a estirar la correa para que le obedezca o cumpla una orden, ya que iría en contra de sus deseos. A diferencia de los perros, los gatos son difíciles de enseñar a caminar con una correa. Para ello, deberá comenzar cuando el animal es sumamente pequeño, así el gato se va acostumbrando al collar poco a poco. Una vez que el gatito ya esté habituado al collar, deberá ponerle la correa y comenzar a caminar con el gato, primero por la casa y después por la calle. Éste es el momento en el que el dueño necesita una buena dosis de paciencia y de práctica regular para que el animal coja la costumbre de la correa.

Nunca obligue al gato a caminar con collar y correa si éste no quiere, y tampoco obligue al gato a ir a un sitio determinado. Es mejor que sea él quien decida a dónde y por dónde ir.

EL GATO EN UN APARTAMENTO

Tener a un gato en un apartamento pequeño sin que éste pueda salir prácticamente de casa no supone ningún problema para el animal. A pesar de ello, es conveniente que elija un animal cachorro, para que se habitúe al ambiente, y una raza adecuada para una vivienda pequeña.

En este sentido, los gatos son completamente diferentes a los perros y tienen más ventajas ambientales que los canes: son de menor tamaño, son más limpios, y pueden dar saltos y ocupar espacios superiores.

El dueño, además, puede llegar a dejar solo al gato en casa durante 24 horas, siempre y cuando disponga de comida y de agua suficiente. No es recomendable que el animal pase más tiempo solo sin que alguien externo reponga comida fresca, agua y cambie la cubeta de los excrementos.

Tener a un gato en un apartamento pequeño no supone ningún problema para el animal, una vez que se ha acostumbrado a él. Debe aprender a convivir con los otros animales de la casa.

Los felinos domesticados necesitan de la presencia humana y también aceptan a otros animales.

En cualquier caso, antes de salir de casa por un tiempo considerable, debe comprobar si el gato tiene la cubeta de la arena limpia, dispone de la cantidad suficiente de comida y de agua, están cerradas todas las puertas necesarias y no existen peligros aparentes a la vista.

DIFICULTADES DE CONVIVENCIA

Los gatos son animales solitarios en origen, es decir, en su ambiente salvaje; sin embargo, los felinos domesticados necesitan en mayor o menor grado de la presencia humana, aceptando también la presencia de sus congéneres en el hábitat doméstico.

En el caso de que se le imponga un nuevo compañero felino al gato, éste puede generar celos e intentos de agresión al recién llegado. En estos supuestos, la intervención del propietario debe ir dirigida a hacer desaparecer los celos del felino por medio de un trato igualitario a ambos animales.

Mayores problemas ocasiona la presencia de un perro junto al gato en la misma vivienda. Pero, en estos casos, el conflicto también puede ser remediado, siempre y cuando el can no sea un animal especialmente agresivo. La regla general indica que un gato adulto siempre acaba aceptando al perro que entra a formar parte de la familia de la casa, mientras que en el caso inverso se debe tener mucha prudencia, ya que puede suceder que el perro adulto mate al gatito.

Por el contrario, la presencia desde pequeños de perros y gatos que conviven desde cachorros no suele presentar ningún tipo de conflicto.

Otro problema de convivencia con el felino es que al tratarse de un animal carnívoro y depredador, a pesar de su carácter doméstico, éste intente atacar a las posibles presas que haya por la casa, como canarios o peces de colores. En estos casos, el dueño debe procurar alejar o colocar a estos animales fuera del alcance del gato.

Respecto a la relación entre el gato y los niños, estos últimos no entienden que no se puede jugar con el felino hasta más allá de ciertos límites, porque el gato acabará reaccionando de alguna forma. Es decir, los animales no son juguetes y los gatos en particular no soportan ni los caprichos de los niños ni sus juegos excesivos. Lo aconsejable en estas situaciones es aprovechar la presencia del gato para enseñar a los niños a respetar las exigencias y necesidades de los demás, incluidos los animales.

Es muy raro que un gato tenga problemas de adaptación.

dirección y número de teléfono por si acaso se extravía.

Cuando el animal se extravía por cualquier situación, el gato suele regresar a la vivienda original, es decir, el felino regresa en el caso de que la familia se haya trasladado de la antigua casa, ya que es el lugar y no las personas lo que los gatos detectan y buscan cuando se pierden.

El gato en un viaje
En muchas ocasiones, el gato tendrá que ir de viaje por una u otra razón, ya sea porque asiste a una exposición, porque la familia se va de viaje, se traslada de casa o porque hay que llevar al gato al veterinario. De todos es sabido que a los gatos no les gusta viajar por obligación, pero si realizan el viaje conforme a unas reglas y normas establecidas, el trayecto será mucho más cómodo y amable para él.

• **Elección de la cesta de viaje.** Es imprescindible adquirir una cesta de viaje para los traslados frecuentes o excepcionales con el animal, que puede comprar en cualquier tienda especializada de animales. Debe buscar una cesta de tamaño suficiente para el gato, bien ventilada, fácil de lavar y a prueba de arañazos y de aperturas imprevistas. Lo más recomendable es elegir un maletín de vinilo, una caja de fibra de vidrio o de polietileno. También se puede adquirir una cesta de mimbre, estéticamente bonita pero con dos inconvenientes importantes: las corrientes de aire y la difícil limpieza de las mismas.

Traslado de casa
La mayoría de los gatos son cambiados de casa cuando la familia decide mudarse a una nueva. Normalmente, el gato no suele tener problemas para adaptarse a la nueva vivienda, aunque en algunos casos suele preferir el antiguo hogar antes que el nuevo, por lo que en ocasiones el felino opondrá cierta resistencia a la nueva residencia.

El proceso a seguir para trasladar al gato a la nueva casa es el siguiente:

• No envíe al gato en el camión del traslado de los muebles. Es recomendable que el animal viaje en el coche del dueño.

• Cuando entre en la nueva vivienda, cierre todas las puertas de salida a la calle y suelte al animal dentro de la casa.

• Suminístrele comida lo antes posible, para que de esta forma se encariñe cuanto antes con la nueva residencia.

• Antes de que salga al exterior, deberá colocarle un collar y una placa con la nueva

• **Prepararse para el viaje.** Si se trata únicamente de una salida corta en invierno, tan sólo se debe poner una manta dentro de la caja para que el animal disponga de calor durante el trayecto; en el supuesto de que la salida sea más larga e igualmente en invierno, es recomendable comprar un aislante especial, como por ejemplo una tela de poliéster con pelo. Si el trayecto corto se realiza en verano, basta con una manta ligera dentro de la cesta; pero si el viaje es largo y con calor, se recomienda humedecer una tela en agua fría y colocarla sobre la cesta para refrescar el ambiente interior de la misma.

• **Introducción del gato dentro de la cesta.** Cuando meta al gato dentro de la cesta, no se olvide de cerrarla, ya que los gatos enseguida se dan cuenta de que la cesta significa un viaje, y por tanto una situación desagradable, e intentará por todos los medios escapar y desaparecer de los ojos del dueño. Para que el viaje no se le haga tan pesado al animal, puede colocar dentro de la cesta un poco de comida seca.

1. Viajes en coche. Algunos gatos viajan bien en coche, sobre todo si se han acostumbrado de pequeños; sin embargo, los gatos adultos suelen asustarse al verse dentro del coche. Lo mejor es que el animal se sienta cómodo y seguro tanto dentro de la cesta como durante el trayecto en el vehículo. En el caso de que el viaje dure más de media hora, se recomienda que se pare a intervalos regulares para que el animal haga sus necesidades, coma y beba; es igualmente recomendable que durante las paradas se mantengan las puertas y las ventanas cerradas para que el gato no se escape. Si se para a mitad de camino, no es aconsejable dejar al animal dentro del vehículo en un día de calor, ya que el sobrecalentamiento que incide sobre el coche puede producir la muerte del animal por hipertermia.

• **Equipo imprescindible de viaje.** Está compuesto por cubeta de excrementos, comida, agua, platos para depositar el alimento, manta, juguete y cesta de transporte.

Lógicamente nunca debemos enviar al gato en el camión de la mudanza.

Cuidados de los gatitos

Uno de los momentos más delicados, interesantes y complejos de la vida del gato es durante sus primeros meses de vida. Este momento es tan sumamente importante en la posterior vida del gato adulto que es el periodo en el cual el felino se forma tanto física como mentalmente, es decir, serán las experiencias tempranas del minino las que darán lugar a la realidad adulta del animal. Al principio, el gatito recién nacido es ciego, indefenso y tiene forma de bola alargada y peluda, pero según va pasando el tiempo y las semanas, ese animal «inválido» se convierte en un carnívoro ágil y cazador.

El propietario que críe o que adquiera un animal tan pequeño deberá tener presente que tiene que cuidar del gatito como lo haría un padre de su hijo, y que se tiene que anticipar a las posibles necesidades de éste. A la larga, el pequeño gatito sabrá valorar tal aprecio y recompensará al dueño con cariño y confianza hacia él.

EL GATITO RECIÉN NACIDO En el
momento de nacer, los gatitos miden de media entre los 11 y los 15 centímetros de largo y pesan entre 70 y 135 gramos. Los pequeños nacen con los párpados cerrados y con las orejas dobladas hacia atrás, es decir, los cachorros no pueden ni ver ni oír. Además, también son incapaces de caminar, por lo que dependen totalmente de la madre para sobrevivir durante los primeros días de vida.

Es a los 5 ó 10 días de vida cuando los animalitos comienzan a abrir los ojos, y entre 8 y 20 días cuando ya los tienen totalmente abiertos. En ese periodo de tiempo, los ojos de los cachorros son de color azul grisáceo, tonalidad que va cambiando a partir de las 12 semanas de edad.

A los 20 días, el gatito comienza a

arrastrarse y es entre la tercera y cuarta semana cuando empieza a comer alimentos sólidos.

Se entiende que el animalito es completamente independiente cuando ya tiene ocho semanas de vida.

La madre crea un vínculo especial entre ella y sus cachorros, aunque al principio puede aceptar sin problemas a otras crías ajenas a la camada. Sin embargo, una vez que se establece ese lazo de unión entre la madre y los hijos, es extraño que la madre gata acepte con facilidad a otros gatos venidos de fuera. Mas tarde, alrededor de las ocho semanas de vida de los cachorros, cuando los gatos propios ya son enteramente independientes, el vínculo entre la madre y las crías se debilita, y la gata ya puede admitir a otros animales.

LAS PRIMERAS SEMANAS DE VIDA
Todas las gatas, incluso las primerizas, saben cuidar perfectamente a los gatitos. Es una cuestión de instinto. En este periodo de nacimiento, crianza y desarrollo de los cachorros, el ser humano puede colaborar en las labores de ayuda a la gata madre realizando tareas de alimentación a las crías o de preparación de un lugar

MOMENTOS DECISIVOS EN EL DESARROLLO DEL CACHORRO

El desarrollo de cada uno de los gatitos dentro de una misma camada puede ser perfectamente diferente, es decir, algunas crías se independizan con más rapidez que otras. Lo mismo sucede con el proceso de crecimiento de cada animalito, así los más rezagados serán animales más pequeños y débiles, mientras que los primeros que se independizan de la custodia de la madre serán gatos fuertes y decididos. Estos son datos a tener en cuenta:

• Visión. El cachorro abre los ojos entre los 8 y 20 días y adquiere su color definitivo a las 12 semanas de vida.

• Movilidad. El animal comienza a arrastrarse a los 16 ó 20 días; camina a los 25 días; y corre entre las cuatro y cinco semanas.

• Destete. El animal consume los primeros alimentos sólidos entre las tres y las cuatro semanas, produciéndose el destete a las ocho semanas.

• Entrenamiento. El gato inicia el control de la orina y los excrementos a la tercera o cuarta semana de vida.

• Dentición. Todos los dientes de leche aparecen a las ocho semanas y los dientes definitivos entre las semanas 12 y 18.

• Aprendizaje. El aseo y el juego del animal comienza a la quinta semana, y la caza entre la sexta y la octava semana.

• Registro. La inscripción del gato con pedigrí debe realizarse a las cinco semanas.

• Cuidados del veterinario. La primera vacunación a la novena semana; la segunda, en la semana 12; la esterilización de la hembra, en la semana 16 de vida; y la esterilización del macho, en la semana 36.

• Independencia. La edad mínima de independencia corresponde entre la sexta y la octava semana, y la independencia total se produce a los seis meses.

abrigado y seguro para la camada. Después del nacimiento, el apetito de la madre aumenta de manera considerable para poder fabricar la leche que alimentará a los gatitos. En este sentido, el propietario de la gata deberá dar al animal el suficiente alimento como para cubrir sus necesidades.

En el caso de que la madre no proporcione suficiente leche a los cachorros, entonces los gatitos se mostrarán inquietos y llorosos, el dueño deberá consultar al veterinario sobre la razón de tal circunstancia. Las causas de una cantidad deficiente de leche pueden ser por problemas de estrés de la madre, inexperiencia o falta de hormonas. En muy pocos casos se da la circunstancia de que la

madre no pueda producir la leche suficiente para su camada. De suceder así la única solución es alimentar a los gatitos artificialmente por medio de un biberón.

Cuando el animal alcance la edad de las tres semanas de vida, éste ya podrá ingerir alimentos sólidos y desprenderse totalmente de la mama materna. Es a partir de ese periodo cuando el dueño deberá ocuparse del suministro de alimento a los gatitos.

Los cuidados de la madre con los cachorros durante el periodo que están bajo su protección son básicamente tres: proporcionarles comida y aseo, protegerlos, y enseñarles a defenderse y cuidarse por ellos mismos, preparándolos para ser independientes.

El gatito aprende el comportamiento felino por dos vías: una a través del comportamiento instintivo, y dos por medio de la observación a los gatos mayores.

CUIDAR Y EDUCAR A LOS GATITOS
Los gatos son mucho más vulnerables durante las primeras semanas de vida que en el periodo de crecimiento o en la edad adulta. Por esta circunstancia, el propietario debe estar muy pendiente de ellos durante los primeros momentos de su vida.

La primera prueba para el gato comienza con el destete, es decir, el proceso en que el sistema digestivo del gatito se empieza a aclimatar a otros alimentos distintos al de la leche de su madre. Este periodo suele comenzar a la edad de tres semanas. Al

Los gatos de pelo largo necesitan acudir a menudo al veterinario para realizar revisiones.

Los gatos, como otros animales, son mucho más vulnerables durante las primeras semanas de vida.

principio, se debe comenzar con alimentos semisólidos formados por leche y cereales para pasar, a continuación, a la introducción de la carne. El animal estará completamente destetado cuando tenga ocho meses de edad.

Debe tener en cuenta que los alimentos que ingiere al principio determinarán la dieta y los esquemas de alimentación posteriores, por eso es importante que acostumbre al animal a unos buenos hábitos alimenticios basados en una dieta variada y equilibrada.

Igualmente, es importante que el gatito ingiera una gota diaria de algún complejo vitamínico líquido, que puede mezclar perfectamente con el alimento durante los primeros momentos del destete del cachorro.

Una vez que los gatitos comienzan a comer alimentos sólidos, a las tres o cuatro semanas de edad, el propietario de los mismos

ya puede comenzar a enseñarles a controlar la orina y los excrementos. Para ello, coloque la cubeta de las piedras en un lugar fácil y sencillo de alcanzar, a la vez que tranquilo, y deposite al gatito dentro de la misma, sobre todo cuando parezca que el animal tiene ganas de orinar o de defecar, o haya empezado a ello.

Es importante que no castigue o regañe al animal si realiza sus necesidades fuera de la cubeta higiénica, ni que tampoco frote la nariz del gato en la orina o excrementos realizados fuera de su sitio ya que considerará que ése es lugar donde tiene que realizar sus necesidades.

Tenga en cuenta también que como los gatos son animales limpios por naturaleza, el aprendizaje en la utilización de la cubeta higiénica será una operación bastante sencilla de memorizar, máxime cuando el pequeño ha sido criado por su madre. Además, el instinto natural de cubrir los excrementos hará que casi todos los gatitos acepten en seguida el cajón con la tierra. No obstante, si el gatito no lo usa, compruebe el lugar y la ubicación de la cubeta, no vaya a ser que lo haya colocado en un lugar poco tranquilo; también puede darse la circunstancia de que la tierra o la arena esté sucia y sea por eso por lo que el animal no lo usa. Otra posibilidad puede ser que al gato no le guste el olor de la tierra que ha utilizado.

CRECIMIENTO DE LOS GATITOS El

gato es un animal que se desarrolla con rapidez, pasando casi inmediatamente de ser un animal indefenso y débil en el momento de nacer a convertirse en un felino completamente independiente.

A medida que el animal va creciendo, el gato controla mucho más su cuerpo y comienza a desarrollar nuevas capacidades, como la caza o el juego.

El comportamiento del felino es tanto instintivo como aprendido por medio de la observación de los ejemplares adultos.

Los comportamientos y las recomendaciones del animal cuando está en proceso de crecimiento son las siguientes:

• **Instinto cazador.** Ya desde el momento en que los gatitos se encuentran en el lecho con la madre, ésta les enseña a matar las presas mediante observación, práctica y competición, ya que la gata salvaje empieza a traer presas a los gatitos cuando éstos todavía cuentan con tres semanas de vida. Al principio, la madre sólo traerá presas muertas y las comerá en presencia de sus hijos; pero más tarde traerá también presas muertas para que se las coman

Los niños y los gatitos son buenos compañeros de juegos.

lo pequeños; y por último traerá presas vivas para que los mismos gatitos las maten. No cabe duda de que los gatitos aprenden las técnicas de caza necesarias para su supervivencia observando a su madre, de hecho, los cachorros aprenden con mucha más rapidez de su madre que de cualquier otro gato adulto.

• **El juego.** Al igual que sucede con los cachorros de otros animales, a los gatos les encanta jugar. Además, los juegos les sirven como práctica para la futura vida adulta independiente, ya que por medio del juego el animal practica la defensa, el ataque, el seguimiento, la emboscada y la ejecución de la presa, todo ello sin causar daño al resto de compañeros del juego. Si observa un juego de gatos, siempre descubrirá un cierto toque de exageración, excitación y bravura, lo que indicará que el animal en cuestión se lo está pasando realmente bien. El juego también sirve al gato de complemento de su sentido social; por eso, los gatitos que no juegan durante su desarrollo pueden llegar a ser animales adultos antisociales e incluso neuróticos.

• **Cuidados del animal durante el crecimiento.** Una vez que el gatito haya cumplido la edad de tres semanas, es recomendable llevarlo al veterinario para que le realice una desparasitación interna. También es aconsejable que los gatitos, al igual que la madre, estén dentro de la casa y no salgan a la calle hasta que no estén vacunados, a las nueve semanas de edad. No debe olvidar que la madre debe mantenerse fuera del alcance de los gatos machos hasta un tiempo después de haber finalizado el destete de los cachorros, ya que podría quedar embarazada a pocos días después del parto y eso podría suponer una secuela importante para la salud de la gata. En ocasiones, los gatitos destetados tienden a continuar buscando a la madre por su leche; en este caso se recomienda disuadir a los pequeños para que no sigan succionando de la leche materna, ya que la madre suele estar más delgada de lo normal y necesita descanso.

RECOMENDACIONES AL PROPIETARIO DE CACHORROS EN CRECIMIENTO

• No sujete a los gatitos jóvenes por el pescuezo.
• No ahogue a los gatitos indeseados después de la camada. Si quiere deshacerse de algunos, pida al veterinario que resuelva ese problema.
• No dé leche de vaca a los gatitos jóvenes.
• No separe a los cachorros de su madre hasta que no tengan las seis semanas de edad.
• No deje salir a los pequeños del interior de la casa hasta antes de la primera dosis de vacunas.
• Hay que saber el peso medio de los gatitos durante los primeros días de vida. La relación entre días y peso en gramos de los cachorros recién nacidos es la siguiente:
  • Un día, entre 70 y 135 g.
  • Cinco días, entre 90 y 220 g.
  • Diez días, entre 130 y 280 g.
  • 15 días, entre 175 y 335 g.
  • 20 días, entre 210 y 415 g.
  • 25 días, entre 230 y 480 g.
  • 30 días, entre 260 y 520 g.
  • 35 días, entre 290 y 620 g.
  • 40 días, entre 305 y 670 g.
  • 45 días, entre 380 y 765 g.
  • 50 días, entre 390 y 880 g.

La alimentación habitual del gato

PARA QUE EL GATO SE ENCUENTRE EN BUEN ESTADO FÍSICO Y MENTAL DEBE RECIBIR UNA DIETA EQUILIBRADA. SÓLO DE ESTA MANERA EL ANIMAL SE ENCONTRARÁ ÁGIL, FUERTE Y DESPIERTO. NO OLVIDE QUE EL GATO ES UN ANIMAL CARNÍVORO POR NATURALEZA, POR ESO Y AUNQUE SUS EXIGENCIAS ALIMENTICIAS SE HAYAN MODIFICADO POR SU VIDA EN CASA, LA DIETA BASE DEL FELINO DEBE ESTAR CONSTITUIDA POR ALIMENTOS DE ORIGEN ANIMAL, ADEMÁS DE OTROS AÑADIDOS ALIMENTICIOS VEGETALES. CUALQUIER DUDA SOBRE LA ALIMENTACIÓN DIARIA DEL FELINO DEBE SER CONSULTADA AL VETERINARIO.

También es importante variar la dieta común del gato para que la alimentación no resulte monótona y se le proporcione al animal todas las sustancias nutritivas que necesita.

La dieta del gato se puede establecer, teniendo en cuenta que la ración diaria debe estar constituida principalmente por alimentos de origen animal y sólo parcialmente por vegetales, en 150-200 gramos de comida diaria para un ejemplar adulto; alimento que debe garantizar un aporte cotidiano de entre 400 y 500 calorías.

Evidentemente, estas cifras son cantidades medias, ya que la alimentación puede verse incrementada o disminuida dependiendo de diversos factores como el peso, la edad y el desgaste energético del animal.

Es igualmente necesario un aporte de vitaminas A, B y D en la dieta del felino. Olvídese de la vitamina C porque el organismo del gato la elabora por sí solo.

NECESIDADES DIETÉTICAS DEL GATO
Tal y como se ha anotado antes, todos los gatos son carnívoros y precisan carne para sobrevivir. Esto no significa que el felino no coma fruta u hortalizas, sino que por naturaleza el gato no es vegetariano.

El requisito nutritivo más importante a la hora de alimentar a un gato es el de mantener una dieta equilibrada y variada. Por eso, desde el mismo momento del destete del animal conviene que se le acostumbre a una gran variedad de alimentos y comidas. En este sentido, se deben incluir en el menú del gato, además de la mencionada carne, proteínas, vegetales y pescados.

También es recomendable incluir en la comida una dosis necesaria de grasas e hidratos de carbono, ya que en principio no parece del todo lógico preparar una dieta únicamente a base de proteínas.

Una dieta compuesta única y exclusivamente por un alimento es muy perjudicial. Por ejemplo, si el gato sólo come pescado, el animal puede desarrollar una deficiencia importante en vitamina B1; si sólo come hígado, puede terminar con los intestinos dañados; y si únicamente se alimenta con carne magra, el gato tendrá a la larga deficiencias de calcio y de vitaminas.

Si por el contrario, la dieta del felino está compuesta de

Es importante variar la dieta habitual del gato para que la alimentación no resulte monótona y sea más equilibrada.

Los suplementos minerales y vitamínicos son muy buenos para aquellos animales que se encuentran enfermos o débiles.

alimentos variados con cantidades necesarias de los principales nutrientes, el animal equilibrará su dieta de forma instintiva y racional.

En el caso de que el propietario herede un gato adulto mal acostumbrado y pésimamente alimentado, el nuevo dueño podrá variar y reconducir los hábitos alimenticios del animal con un poco de esfuerzo.

Si el gato es un animal caprichoso con la comida, lo mejor es introducir una dieta sana de forma gradual, añadiendo los nuevos alimentos de uno en uno y a lo largo de varias semanas.

Los suplementos minerales y vitamínicos son muy buenos para aquellos animales que se encuentran enfermos o débiles. En el caso de que el gato tenga buena salud y reciba una dieta alimenticia variada, éste no precisará de ningún suplemento vitamínico ni minerales. En cualquier caso, será el veterinario el encargado de determinar el tipo de tratamiento al gato y el tiempo recomendado de ofrecimiento de estos soportes vitamínicos extras.

Si un gato se queda sin comer, éste puede llegar a aguantar mucho más tiempo que una persona, ya que el felino puede perder hasta el 40 por ciento de su peso corporal sin llegar a morir. En este sentido, se sabe de gatos que han sobrevivido sin comer ni beber en circunstancias claramente excepcionales.

UNA DIETA EQUILIBRADA PARA EL GATO
Para ofrecer una dieta equilibrada y sana al animal tan sólo hay que recurrir a los mismos constituyentes necesarios para la vida humana, aunque en proporciones diferentes. No olvide que el gato salvaje es un animal carnívoro que está perfectamente equipado para sobrevivir con una dieta basada en otros animales; y que cuando el felino devora a su presa no sólo consume carne muscular, sino también la piel, los huesos y los órganos internos. Esta dieta total del gato salvaje contiene casi todo lo que el gato precisa para sobrevivir en condiciones correctas, es decir, la presas capturadas le proporcionan al felino una dieta equilibrada y completa. Tipo de nutrientes que necesita el gato:

• **Proteínas.** Éstas se encuentran en la carne, pescado, huevos y queso, y contienen aminoácidos que son elementos imprescindibles para el crecimiento y la reparación de los tejidos del animal.

Además, las proteínas son para el gato fuente de energía y de calorías. Para que el felino sobreviva necesitará, al menos, un 10% de proteínas en su dieta, mientras que un gato adulto precisa no menos de un 6%. Sin embargo, un animal que sea muy activo y gaste muchas calorías, requerirá un porcentaje mucho más elevado de proteínas, entre 25 y 30%.

• **Grasas.** Las grasas son una fuente básica de calorías, y deben constituir entre el 15 y el 40% de la dieta. La ventaja de las grasas es que no sobrecargan los riñones con productos de desecho, por lo que es recomendable aumentar la dosis de grasas según se vaya haciendo el gato más mayor. Es importante que se compruebe el estado de las grasas, ya que éstas no deben ser viejas ni rancias, pues, aunque el gato las acepte porque está hambriento, le pueden sentar mal.

• **Hidratos de carbono.** Otra fuente de calorías son los hidratos de carbono, que aparecen en alimentos como el pan o las patatas. Aunque es un constituyente no esencial para el gato, puede estar presente en la dieta del animal hasta en un 50%. Este tipo de alimentos son también una buena fuente de fibra para mantener el intestino del felino en buen funcionamiento y perfecto estado.

• **Minerales.** Al igual que sucede con el ser humano, los gatos precisan ciertos minerales para su crecimiento y para mantener en buen estado las estructuras del cuerpo y las funciones vitales del animal. Si se le ofrece al gato una dieta equilibrada y variada es francamente difícil que se presenten deficiencias vitamínicas.

• **Vitaminas.** Si el gato come un menú variado y equilibrado, y después de ingerir el alimento, retoza un poco delante del sol,

La buena alimentación del gato se refleja en su salud.

Ofreceremos al animal una comida fresca, al menos, dos veces por semana. También hay que darle comida desecada, especial para gatos.

ya son elementos suficientes para que el felino disponga de las vitaminas necesarias para su quehacer diario. A diferencia del ser humano, el gato recibe, ya sea porque su cuerpo las produce o porque están incluidas en la dieta o porque no las necesita, las vitaminas B12, C y K. Las vitaminas C y K las sintetiza el cuerpo del animal y la B12 le es innecesaria.

• **Cómo elegir los alimentos necesarios.** La dieta del gato debe ser ante todo variada, por lo que no es recomendable fijar una hoja de menús o una dieta semanal o mensual. El gato, como se observa, puede comer alimentos muy diversos y distintos, conviene, por tanto, que se varíe los platos. Entre las comidas o preparados que se pueden dar al gato se encuentran: comida seca, húmeda o en lata; carne de ternera,

cordero o cerdo; despojos; pollo y conejo; huevos; leche; queso; pescado; hortalizas; féculas; y fruta.

ALIMENTOS PREPARADOS Existen

tres tipos principales de alimentos preparados para los gatos: carne en lata, alimentos humedecidos y alimentos secos. Estos tres tipos de alimentos deben usarse sólo como complementos de la dieta del gato y no como un sistema completo de alimentación para el mismo.

El concepto, por tanto, es ofrecer al animal una comida fresca, al menos, dos veces por semana, ya que los alimentos preparados no poseen toda la riqueza nutritiva que un gato precisa para disfrutar de una vida larga y saludable. Es cierto que muchos de estos alimentos preparados son

El gato siempre debe disponer de un recipiente con agua cerca para saciar su sed.

realmente completos en proteínas, disponiendo de un porcentaje de entre el 25 y 30%, sin embargo el gato necesitará de los alimentos frescos, al igual que sucede con las personas, para extraer de ellos las vitaminas y los minerales suficientes y necesarios para su actividad diaria.

Además, y aunque los gatos lleguen a soportar una gran dosis de monotonía en el menú, las comidas preparadas son tremendamente aburridas.

• Comida enlatada. Este tipo de productos están compuestos por carne, pescado en salazón, vitaminas, agentes gelatinosos, colorantes químicos, agua y, en ocasiones, cereales. Casi todas las recetas de la comida enlatada para gatos se sustentan en pescado, pollo, ternera, conejo o despojos. Suelen contener entre un 25 y 30% de proteínas y pueden ser usados como componente base de las comidas del felino. Además, las latas son realmente útiles por su excelente esterilización y por la facilidad de almacenaje de las mismas. También es cierto que el sistema de enlatado y el tiempo tienden a reducir sensiblemente el contenido de vitaminas de la lata.

• Comida desecada. Son como galletas diminutas y gránulos que contienen cereales, pescado, carne, levadura, vitaminas, grasas y colorantes. Es un producto preparado que resulta más barato que el alimento enlatado o húmedo, aunque entre sus inconvenientes destaca que tiene escaso contenido en grasas y proteínas y también se sospecha que pueda llegar a causar problemas en la vejiga del gato. Si alimenta al animal siempre con comida desecada, debe asegurarse de que el gato disponga siempre de abundante agua fresca disponible.

• Productos blandos. Son granos de comida que están compuestos de carne, soja, grasas, vitaminas, colorantes y azúcar. Aunque normalmente este tipo de alimentos reciben el nombre de comida húmeda, muchos de ellos están realmente mojados, ya que pueden llegar a contener hasta un 33% de agua. Estos alimentos pueden ser usados como base de la dieta del gato, ya que su contenido en proteínas es superior al 25%. Por el contrario, el contenido de grasas en los alimentos húmedos es relativamente bajo. Este tipo de comida se vende empaquetado en bolsas de aluminio o en latas, por lo que se pueden conservar durante bastante tiempo, aunque no tanto como los alimentos desecados.

Alimentos frescos

Si la alimentación del gato se basa fundamentalmente en latas y comida seca, es recomendable que de vez en cuando, una vez por semana por ejemplo, se le suministre al animal una ración de comida fresca, de esta forma contribuirá al mantenimiento de una dieta sana y equilibrada en el felino.

En el caso de que la base de la alimentación del animal sea fresca, deberá sazonar la comida con sal yodada, ya que el yodo es un oligoelemento muy recomendable, sobre todo, para las gatas preñadas ya que evita la reabsorción del feto dentro de la matriz.

A la hora de cocinar la carne, ésta deberá estar bien cocida para evitar la toxoplasmosis. Además, debido a la constitución de los dientes de los gatos, éstos no pueden masticar los alimentos, así que será preciso trocear bien la comida o servirla en grandes trozos para que el animal pueda desgarrarla sin dificultad.

Si le suministra pollo o pescado, deberá retirar todos los huesos y las espinas antes de servírselo, ya que podría ahogarse.

Comer hierba es una circunstancia natural para el gato. Por esta razón, si observa que su gato insiste en ingerir hierba, no se asuste, las plantas son alimentos buenos para los felinos, ya que contienen ciertas vitaminas y una sustancia que ayuda al animal a regurgitar la materia indeseada que tenga en el estómago, como bolas de pelo u otras sustancias.

Dulces e hidratos de carbono

Los gatos domésticos no deben comer, en principio, demasiados hidratos de carbono porque les hace engordar más de lo que deberían. Tan sólo se debe permitir la pasta y el arroz dentro de una dieta alimenticia equilibrada y variada. En cualquier caso se debe evitar por completo los siguientes alimentos con hidratos de carbono: pan, galletas o bizcochos; así como los dulces de todo género, a pesar de que dé la sensación de que al animal le gustan los dulces.

Existen recipientes para el agua y la comida en las tiendas especializadas.

Es poco recomendable dar al gato la misma comida de las personas.

En los países mediterráneos, donde la pasta y el arroz son platos casi cotidianos, existe la costumbre de servir al gato parte de los alimentos que comen las personas. Hay que recordar que es recomendable no excederse en la costumbre de servir al animal parte de los alimentos que consumen las personas, ya que los gatos necesitan sobre todo alimentos de origen animal.

• La pasta puede ser suministrada al gato sólo cocida y sin condimentar, o mezclada con otros alimentos como, por ejemplo, pienso humedecido. En el caso de que la pasta sea muy larga, conviene cortarla antes de servírsela al animal.

• En el caso del arroz, que es un alimento que suele gustar a todos los gatos, se puede servir simplemente hervido o mezclado con otros alimentos, como pescado, caldo, sardinas o caballa. No se debe ofrecer arroz a aquellos felinos que padecen estreñimiento.

ALIMENTOS VEGETALES
Además de los tallos de hierba, que el animal come para otros fines distintos al alimenticio, el gato puede comer todo tipo de verduras cocidas que utiliza el hombre, tales como endivias, espinacas, coles, zanahorias, remolacha o judías verdes, entre otras, así como los espárragos y los champiñones, que les gustan especialmente.

Por el contrario, se deben evitar las patatas cocinas por todos los medios, ya que favorecen la formación de bolas de pelo en el aparato digestivo del felino.

Entre las legumbres, los gatos aprecian especialmente los guisantes cocidos, las habas, las lentejas y los garbanzos cocidos.

En algunos casos, los gatos comen también algún que otro trocito de fruta, ya sea cruda o cocida. La fruta constituye un alimento complementario tan saludable y provechoso como las verduras o las legumbres.

LOS COMPLEMENTOS VITAMÍNICOS
Los gatos comunes o salvajes que viven al aire libre no precisan de ningún tipo de complemento vitamínico, sin embargo sí que es relativamente recomendable, en ocasiones obligatorio, para los gatos de raza y para los felinos que residen en pequeños apartamentos de ciudad.

Los complementos vitamínicos se pueden obtener tanto en las tiendas especializadas para animales como en las farmacias, y debe seguirse siempre la posología específica que indica el producto.

Un buen complemento vitamínico para los gatos domésticos es la levadura de cerveza, que contiene, entre otras vitaminas, la B1 y B2. Debe ser suministrada en dosis de un gramo diario y mezclada siempre con la comida.

Otro complemento conocido es el aceite de bacalao, que puede dar excelentes resultados sobre todo a gatitos jóvenes en periodo de crecimiento.

LOS LÍQUIDOS EN LA ALIMENTACIÓN

Los líquidos son alimentos esenciales para la salud del felino, si bien el gato, debido a su menor tamaño en comparación con el hombre, ingiere menos cantidad de líquidos que éste.

• Agua. El agua es una parte importante dentro de la dieta del gato. De hecho, los platos a base de carne suelen contener elevados porcentajes tanto de agua como de proteínas. Por esta razón, los animales que se alimentan con una dieta muy rica en proteínas producen grandes cantidades de urea, sustancia de desecho que se elimina por medio de la ingestión de gran cantidad de agua. Teóricamente, el gato precisa menor porcentaje de agua, en proporción, que el ser humano, primero por su tamaño corporal menor, y segundo porque la orina del gato es mucho más concentrada que la del hombre. Además, se da la circunstancia de que los felinos pierden muy poco agua por el sudor, jadeo y respiración, por lo que la pérdida de líquidos por esta vía y la ingestión de los mismos será siempre menor que la del ser humano. Incluso los felinos de gran tamaño pueden llegar a estar hasta diez días sin beber nada de agua.

Las dietas que contienen pescado, callos o ciertos alimentos enlatados ya proporcionan al animal el suficiente aporte en agua que necesita. Además, los gatos también pueden obtener parte del agua que necesitan a través de la acción química, es decir, las grasas e hidratos de carbono se queman en el organismo produciendo agua.

Lo que necesita el gato es tener siempre a su disposición un cazo o cuenco con agua limpia y fresca siempre, ya que el gato se dosifica según su necesidad y la sed que tenga.

Es recomendable algún aporte vitamínico para los gatos de raza o los que viven en pisos.

• Leche. La leche es una buena fuente de calcio y de fósforo, así una ración de 200 mililitros satisface perfectamente las necesidades diarias de un animal adulto. No obstante, algunos gatos no toleran la leche de vaca y si la ingieren pueden llegar a padecer diarrea. En el caso de que el gato sea sensible a la leche, ésta deberá ser sustituida por otro tipo de complementos minerales.

• Alcohol. Por desgracia, hay muchos gatos que tienden a caer en este vicio de los humanos. No es en absoluto recomendable ofrecer o dar alcohol al gato, aunque sea en cantidades ínfimas, ya que puede dañarle el hígado y el organismo.

EL MOMENTO AGRADABLE DE LA COMIDA

El gato es un animal que come de manera caprichosa, es decir, le gusta comer raciones pequeñas y frecuentes de comida fresca en recipientes bien limpios y en un lugar sin ruidos, sin luces fuertes y sin bullicio.

• Dónde poner la comida del gato. El recipiente o plato de la comida del felino debe colocarse en un lugar poco transitado de la casa; aunque lo ideal es que el animal cuente con una zona reservada en la que pueda comer tranquilo y con un suelo fácil de limpiar. También es recomendable que se coloque una esterilla o papel de periódico debajo de los cuencos para recoger más fácilmente los restos que se han caído. Si es posible, no ponga la comida fuera de la casa, ya que los alimentos se pueden estropear más fácilmente al aire libre, además de existir un riesgo real de atraer a los roedores.

• Qué cantidad de comida se pone en el cuenco. Los criadores y veterinarios han calculado que los requisitos diarios de un gato con una dieta de un 25% en proteínas son de 14 gramos de alimento por 450 gramos de masa corporal del animal. Esto es la teoría, ya que en la práctica, al igual que sucede con las personas, el apetito de los gatos puede variar mucho. De cualquier forma, esta relación aportada por los expertos puede servir de guía. A diferencia de los perros o de las personas, los gatos con sobrepeso o gordos no suelen tener problemas de salud, aunque es recomendable que si el gato va a asistir a una exposición mantenga la línea y una dieta estricta para mostrarse esbelto y hermoso.

• Con qué frecuencia hay que dar de comer al gato. La regla general es ofrecer al animal dosis pequeñas de comida, tanto de alimentos frescos como de agua, de forma frecuente, así se evitará que el animal deje restos y desperdicios.

• Qué se debe hacer si el gato no tiene apetito. El hecho de que el gato no tenga apetito no significa que esté enfermo. La falta de apetito puede ser debida a un viaje o a los efectos del tiempo cálido o húmedo. Las gatas en celo también suelen tener periodos de falta de apetito. También puede suceder que la comida esté algo estropeada o rancia, y entonces el gato se

CREENCIAS ALIMENTICIAS ERRÓNEAS

• Añadir a la dieta vitaminas o minerales no necesarios. En la dieta del gato es más común las patologías por exceso que por falta de vitaminas, sobre todo cuando se utiliza en la alimentación preparados enlatados, ya que en estos casos el aporte vitamínico ya está equilibrado. Tan sólo en algunos supuestos, como por ejemplo en aquellos gatos que se alimentan con productos frescos, tal vez convenga suministrarles complementos vitamínicos y minerales, pero siempre en dosis y con pautas controladas.

• Dar al gato sólo un tipo de alimento. Dar al animal sólo carne, pescado, pulmón o hígado es perjudicial para su salud. Un gato alimentado sólo con carne tiende a presentar con el tiempo un cuadro de desequilibrio de calcio y fósforo que dará lugar a problemas de huesos tanto en el animal adulto como en el cachorro. Para evitar esta circunstancia basta con añadir a la dieta de carne del gato unos huesecillos esponjosos desmenuzados o harina de cebada con polvo de huesos.

• Dar al gato pescado crudo. Mucha gente está convencida de que el pescado crudo es un buen alimento para los gatos, sin embargo está aseveración no es verdad porque el pescado crudo contiene una sustancia que destruye la vitamina B.

• Dar al gato comida para perros. Las exigencias nutritivas de ambos animales son muy diferentes, sobre todo en lo que se refiere al aporte proteínico.

• Quitar la grasa de la carne. El gato necesita grasa animal, al contrario de lo que sucede con el perro.

• Dar al gato huevos crudos. No es malo servir al gato la yema del huevo, siempre y cuando no se le proporcione más de dos yemas por semana, pero no se debe dar de comer al animal la clara del huevo.

negará a comerla. Tampoco es extraño que el gato muestre cierto desinterés por la comida enlatada de siempre. No obstante, si el felino rechaza alimentos frescos durante más de medio día y está completamente seguro de que no le sucede nada de lo descrito anteriormente, es posible que el animal no se encuentre bien. Si el felino ha rechazado la comida durante un periodo superior a 24 horas, deberá llevarlo al veterinario.

• Recomendaciones en la comida:

– No proporcione al gato comida de mala calidad, ya que puede estar contaminada de bacterias.

– No le dé huesos de aves, ya que son astillosos y el gato puede llegar a ahogarse.

– No le dé clara de huevo cruda.

– No le dé más de dos yemas de huevo crudas a la semana.

– No dé alimentos desecados al gato que tiene problemas de vejiga.

– No dé a un gato comida preparada para perros, ya que el contenido de carne y de proteínas no es el suficiente.

• Equipo de alimentación. Consta de tres escudillas pesadas de plástico o de cerámica barnizada (una para la comida, otra para el agua y una tercera para la leche).

El aseo del gato

EL GATO ES UN ANIMAL QUE TIENE FAMA DE LIMPIO, Y EN EFECTO ASÍ ES. DE HECHO, EL FELINO SUELE DEDICAR BUENA PARTE DEL DÍA A ASEARSE POR ÉL MISMO. CUANDO UN GATO SE ASEA, ÉSTE ES CAPAZ DE LLEGAR A LOS LUGARES MÁS RECÓNDITOS DE SU CUERPO Y DE SU PELAJE CON LA LENGUA, LO QUE HACE QUE EL PELO SE ENCUENTRE EN TODO MOMENTO LIMPIO Y PULCRO. EL PRINCIPAL OBJETIVO DEL ASEO EN EL GATO ES MANTENER EL PELAJE, QUE SE EXTIENDE POR TODO EL CUERPO DEL ANIMAL, ASEADO, BRILLANTE Y SUAVE. NO OBSTANTE, EL ASEO TIENE TAMBIÉN OTRAS FUNCIONES, COMO ELIMINAR LOS PELOS Y LA PIEL MUERTA, TONIFICAR LOS MÚSCULOS Y ESTIMULAR LA CIRCULACIÓN SANGUÍNEA. ESTE ÚLTIMO MOTIVO ES UNA DE LAS RAZONES POR LAS QUE LA MADRE GATA LIMPIA A SUS GATITOS RECIÉN NACIDOS CON TANTA FRECUENCIA.

A pesar de que los gatos se asean por ellos mismos con bastante regularidad, lo cierto es que también requieren una ayuda suplementaria por el dueño, sobre todo si se trata de animales de pelo largo.

PRINCIPIOS BÁSICOS PARA ASEAR AL GATO

El lugar idóneo para asear al gato por el hombre es, si se puede y el tiempo lo permite, fuera de la casa, ya que una limpieza al aire libre expulsará la suciedad, los pelos y las pulgas fuera de la casa y evitará molestias innecesarias a aquellas personas alérgicas al polvo y al polvillo de la piel de los gatos.

En el caso de que no se pueda limpiar al gato fuera de la casa, por los motivos que sean, lo ideal es elegir el porche de la casa, el baño o una zona poco concurrida de la vivienda. También es conveniente que mientras esté aseando al felino coloque debajo del mismo una hoja de papel o un plástico.

• Inspección de orejas, ojos y uñas. Antes de comenzar el cepillado del animal y el peinado del gato, deberá comprobar el estado de las orejas, los ojos y las uñas, por si estas partes del cuerpo del felino estuviesen sucias o tuviesen algún problema especial.

Si el gato dispone de buena salud, las orejas del animal no necesitarán, en principio, muchos cuidados especiales; en cualquier caso deberá comprobar la parte

interior del pliegue interno por si hubiese suciedad y limpiarlo con una bola de algodón empapada en aceite de oliva.

Si el animal se rasca con frecuencia las orejas, es posible que tenga algún tipo de infección en las mismas. En este caso, compruebe si las orejas están limpias o si tienen cerumen; si no sucede ninguna de estas dos circunstancias y el animal continúa rascándose, consulte al veterinario sobre la causa del picazón en la cabeza.

• Limpieza de la cara. Los gatos de pelo largo suelen tener bloqueos en la zona de

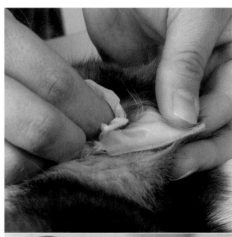

Conviene colocar una hoja de papel o un plástico debajo del gato durante su aseo.

los lagrimales. Si le sucede esto a su gato, las lágrimas se deslizarían por las mejillas de la cara y dejarían marcas oscuras en el rostro del gato. La forma de eliminar este surco de color es pasar por la zona afectada un algodón humedecido en una disolución poco concentrada de sal. En el caso de que el problema persista, deberá consultar al veterinario.

• Observación de la boca. Deberá observar los dientes del gato por si existe presencia de sarro. Para ello, lo mejor es limpiar los dientes una vez por semana para evitar dicha formación de sarro. En el supuesto de que el animal sea reacio a tal operación de saneamiento, lo mejor es acometer la limpieza bucal únicamente una vez al año.

• Cuidado de los ojos. Los ojos del felino deben estar y mantenerse, en todo momento, brillantes y claros, ya que si el gato tiene en los ojos inflamaciones o supuración, el animal puede llegar a tener problemas serios de salud.

Para limpiar los ojos del gato deberá humedecer una bola de algodón con agua caliente y eliminar con cuidado la suciedad acumulada en el ojo.

• Cuidado de las uñas. Un gato saludable y activo debe tener siempre la uñas bien cortadas y aseadas para el ejercicio diario y cotidiano que realiza. En el caso de que el gato no tenga las uñas bien recortadas, éstas pueden introducirse en las almohadillas de las zarpas y dañarlas, por lo que precisaría atención médica veterinaria.

Los gatos tienden a asearse y limarse las uñas por sí mismos sobre un trozo de madera, pero en el caso de que sea el dueño quien

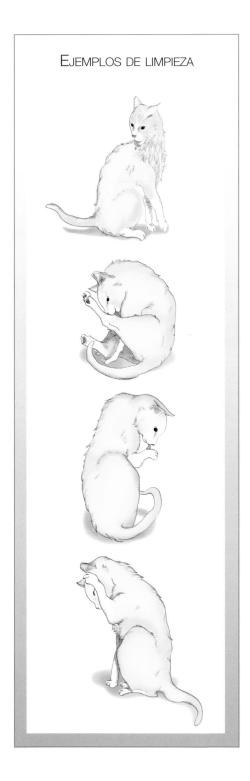

EJEMPLOS DE LIMPIEZA

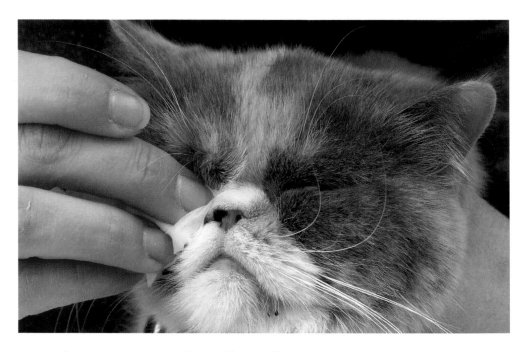

Los gatos de pelo largo suelen tener problemas habituales de bloqueos en la zona de los lagrimales.

tenga que recortarles las uñas, éste deberá realizar dicha operación de la siguiente manera: sujete firmemente al animal en su regazo y presione la almohadilla de la zarpa para forzar la salida de las uñas; una vez que las uñas se encuentran en el exterior, proceda a cortar las puntas de las uñas de color blanco, ayudándose de unas tijeras especiales para ello. Nunca deberá cortar más allá de la punta blanca, ya que la zona rosada es carnosa y con nervios.

También puede limpiar fácilmente las uñas del animal por medio de un algodón humedecido.

ASEO DE UN GATO DE PELO LARGO

El gato salvaje de pelo largo sólo muda de pelo en invierno, sin embargo el gato doméstico va cambiando de pelo durante todo el año debido al hábitat en el que reside con iluminación artificial y calefacción. Por ello, los felinos de pelo largo precisan ser peinados por el dueño al menos una vez al día en dos sesiones de entre 15 y 30 minutos cada vez, para evitar de esta manera que el pelaje se enrede.

Si no realiza esta operación de cepillar al animal todos los días, las bolas de pelo desprendido se enredarán en todo el pelaje y al final el gato deberá ser llevado al veterinario para que le rasure bajo anestesia.

No olvide que antes de iniciar la sesión de aseo, deberá examinar las orejas, los ojos, la boca y las uñas del gato para comprobar si están limpios y sanos.

• Equipo de aseo básico. Los utensilios necesarios para cepillar y asear al gato de pelo largo son los siguientes: un peine de púa ancha y otro de púa fina, un cepillo metálico y de cerdas y un cepillo de dientes, unas tijeras de punta redondeada para cortar las bolas del pelo, laurel y talco para frotar sobre el pelaje dependiendo de si se trata de un animal de color oscuro o de color claro. Si el gato va a ser presentado a una exposición o concurso, también deberá disponer de un cepillo de alisado.

• Procedimiento de cepillado:

– Primer paso. Con el peine de púa ancha deberá eliminar los restos sueltos y sacar las bolas de pelo caído. A continuación, haga una pasada con el peine de púa fina.

– Segundo paso. Con el cepillo metálico extraiga el pelo muerto y preste especial atención a la zona de los cuartos traseros que es donde más se acumula el pelo.

– Tercer paso. Aplique los polvos de talco para dar volumen y separar el pelo. A continuación, elimine los polvos con el cepillo.

– Cuarto paso. Pase, por último, el peine de púa fina por el pelo con un movimiento ascendente tanto por el dorso como por el cuello.

– Quinto paso. Con ayuda del cepillo de dientes, peine suavemente los pelos más cortos de la cara del gato, sin acercarse en demasía a la zona de los ojos.

– Sexto paso. Para finalizar repita el cuarto paso con un peine de púa ancha para separar el pelo y ayudar a que esté derecho. Si el animal debe asistir a una exposición, utilice el cepillo de alisado para la zona de la cola.

ASEO DE UN GATO DE PELO CORTO

Los gatos de pelo corto no precisan como en el caso de los felinos de pelo largo ser peinados a diario, ya que su pelaje es mucho más fácil de cuidar. Además, los gatos de pelo corto poseen lenguas más largas que sus hermanos de pelo largo y, por eso, son mucho más eficaces en su aseo personal propio. Para los gatos de pelo corto basta que el cepillado se realice dos veces por semana, en sesiones de media hora.

• Instrumentos para el aseo de un gato de pelo corto. Se necesitará un peine metálico de púa fina y un cepillo de cerdas naturales o de goma, un acondicionador a base de laurel para el pelaje y un paño de gamuza, terciopelo o seda para abrillantar el pelaje del animal.

• Procedimiento de cepillado:

– Primer paso. Peine el pelaje del gato de pelo corto con un peine metálico de púa fina desde la cabeza hasta la cola, vigilando la posible presencia de pulgas en el pelo del felino.

– Segundo paso. Utilice el cepillo de goma para cepillar el pelo del gato en el sentido del pelo.

En las tiendas especializadas hay artículos para el aseo.

PET

champú

– Tercer paso. En algunos gatos de pelo corto se puede utilizar un cepillo de cerdas naturales en lugar del de goma. No olvide seguir siempre la dirección del pelo.

– Cuarto paso. Después de cepillar y peinar al gato, deberá frotar el pelaje del animal con un acondicionador de laurel, ya que esta sustancia tiene la propiedad de eliminar la grasa del pelo y de mejorar el color y brillo del pelaje del felino.

– Quinto paso. Por último, y para conseguir un brillo aún más intenso y duradero, sobre todo si se trata de animales de exposición o que van a asistir a un concurso, deberá abrillantarlo con un trozo de seda, terciopelo o gamuza. También puede conseguir un brillo mucho más intenso acariciando al animal con la mano (en la dirección del sentido del pelo) entre las distintas sesiones de aseo y cepillado que realice al gato.

PRINCIPALES PROBLEMAS CON EL PELAJE DEL GATO

Si el pelo del gato no está aseado, cuidado y cepillado, éste planteará problemas de limpieza y de enredo. Además, los gatos de pelo largo son especialmente susceptibles a los enredos, por eso precisan una atención mucho más regular y frecuente que el resto de los felinos.

Cepillo metálico para el cepillado del gato de pelo largo.

• Limpieza del pelaje sucio. En principio, los gatos no suelen precisar de un baño, ya que ellos mismos se mantienen y se limpian solos. Sin embargo, si el pelaje está muy sucio o grasiento, será necesario lavar o bañar al gato. Además, los gatos de pelo claro que sean animales de exposición requerirán tomar un baño unos pocos días antes de asistir al concurso.

– Limpieza en mojado. Todo el mundo sabe que a los gatos no les gusta el agua. Entonces, para intentar bañar al animal deberá proceder con mucho mimo y atención para que el momento del baño no se convierta en una lucha entre el propietario y el animal. Uno de los mejores lugares para bañar al gato es en el fregadero, aunque también puede optar por la ducha o bañera: llene el fregadero y compruebe que la temperatura del agua está a 38 grados, que es la temperatura corporal del gato; después introduzca al animal en el agua y con ayuda de una esponja, humedezca el pelaje a excepción de la cara; a continuación frote el pelo con un champú neutro y cuando el pelaje esté bien enjabonado, aclare al felino a fondo con agua caliente hasta que no queden restos de jabón; seguidamente, saque al gato del fregadero y envuélvalo en una toalla grande y caliente; lávele la cara con un algodón humedecido en agua caliente; y, por último, mantenga al animal en un lugar caliente hasta que esté completamente seco. Una vez que el gato se encuentre seco, proceda a peinarlo con suavidad.

– Limpieza en seco. Si el gato se opone violentamente al agua, la mejor opción es

Si el pelo del gato no está aseado, cuidado y cepillado, planteará problemas de limpieza y de enredo de forma constante.

proporcionarle un baño en seco. El champú seco sólo se utiliza en animales de pelo corto y siempre que el gato no esté excesivamente sucio. Para proceder al lavado en seco deberá colocar al gato encima de un papel de periódico y aplicarle la loción seca sobre el pelaje con un ligero masaje; una vez cubierto todo el cuerpo pase el peine para eliminar la capa.

• Cómo proceder con un pelaje enredado. El pelo no aseado o contaminado con excrementos se enreda y acaba presentando un aspecto desaliñado y sucio. Además, estas masas de pelo enredado son el lugar ideal para el desarrollo de parásitos que favorecen la aparición de enfermedades inflamatorias en la piel. En estos casos, no es fácil eliminar del todo los enredos del pelo, ya que utilizar un peine para estirar el pelo puede producir en el gato dolor e incluso lesiones. Tampoco debe intentar cortar las bolas, ya que podría cortar igualmente la piel adyacente. En estos casos, deberá llevar al animal al veterinario para que le rasure por completo.

• Qué hacer con el pelo que ha sido tragado. Otro problema grave relacionado con la falta de aseo es la ingestión de masas de pelo suelto que acaban en el estómago o en los intestinos del animal. Normalmente, esta situación viene provocada por dos causas: o falta de aseo por parte del propietario o, por el contrario, un aseo excesivo por parte del gato. En estos casos,

la mucosidad natural del tubo digestivo del gato hace un efecto de encolamiento de los pelos, convirtiendo las masas de pelo en auténticas bolas que provocan una alteración en las funciones digestivas del animal, obstruyendo el intestino.

Muchos gatos regurgitan estas masas oscuras de pelo de forma automática, pero otros no pueden; de hecho, los gatos de pelo largo tienen en algún momento de su vida algún problema de este tipo.

Una buena solución para intentar solucionar el problema y disolver las bolas es hacer beber al gato aceite de parafina, ya sea directamente o mezclado con la bebida o comida, ya que este producto ablanda las bolas de pelo haciendo que pasen al intestino y sean expulsadas en las heces.

La dosis recomendable de aceite de parafina, cuando el animal tiene este problema, es de una cucharadita al día durante tres jornadas seguidas. El tratamiento debe ser continuado a lo largo de tres o cuatro semanas.

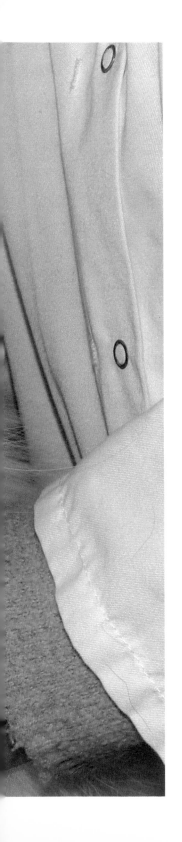

La salud del gato

DEL FELINO SE HA ACUÑADO LA FRASE HECHA DE QUE ES UN ANIMAL QUE TIENE SIETE VIDAS. NO OBSTANTE, AL IGUAL QUE EL RESTO DE SERES VIVOS, NO ESTÁ EXENTO DE POSIBLES DOLENCIAS Y ENFERMEDADES, MÁXIME CUANDO ES UN ANIMAL CURIOSO POR NATURALEZA, QUE VIVE Y SE MUEVE EN EL SUELO Y QUE EXPLORA TODOS LOS ESCONDRIJOS POSIBLES. TODO ELLO LE EXPONE EN CADA MOMENTO A UN GRAN NÚMERO DE PELIGROS Y DE AGENTES NOCIVOS. IGUALMENTE, SU TAMAÑO REDUCIDO LE PREDISPONE TAMBIÉN A CIERTOS ACCIDENTES, SOBRE TODO SI ES UN FELINO QUE RESIDE EN UNA CIUDAD.

De igual manera, una vida estresada o una mala calidad de vida puede reducir considerablemente su resistencia innata a la enfermedad.

Por eso, el dueño del gato puede tomar las precauciones necesarias y aplicar los consejos precisos para mantener al felino con buena salud, y en el caso de que enferme, consultar al veterinario lo antes posible y practicar la cura que sea preceptiva para que sane.

Las enfermedades del gato

Siempre que se detecte en el animal cualquier tipo de anormalidad o variación en el comportamiento de forma extraña se debe consultar al veterinario de manera inmediata, ya que debe ser el facultativo y no otra persona la que realice una exploración al gato y emita un pronóstico de lo que le sucede al felino.

Ni qué decir tiene que son múltiples las causas que pueden generar, y de hecho generan, estados patológicos en el gato, al igual que sucede con cualquier otro animal.

Las principales causas de enfermedad son las siguientes:
• Alimentación inadecuada ya sea por exceso, por defecto o por carencias cualitativas.
• Virus.
• Ingestión de sustancias venenosas.
• Causas mecánicas, es decir lesiones que a menudo derivan en enfermedades originadas por alteraciones del organismo.
• Causas térmicas, tales como cambios bruscos de temperatura o quemaduras.
• Causas varias, como corrientes eléctricas o similares.

El gato es un animal prudente que evita casi todos los peligros.

El gato está expuesto a diario, en distinto grado, a algunas de estas causas, dependiendo del grado de mantenimiento y calidad de vida del felino. Así, los animales que viven en un piso son más propensos que los gatos que residen en el campo a trastornos producidos por una alimentación equivocada y a incidentes típicamente domésticos; por el contrario, los gatos callejeros tienen más probabilidades de ingerir sustancias nocivas y de ser víctimas de traumas y de accidentes.

Por lo general, el gato es un animal prudente, astuto, con los sentidos bien desarrollados y que evita todos aquellos peligros que existen en la naturaleza, sin embargo siempre corre el peligro de ser atropellado, de ingerir sustancias peligrosas o de infectarse por las heridas producidas en el combate con otros machos.

Normalmente, el gato de raza es mucho más delicado que el común y, por lo tanto, es más propenso a padecer enfermedades y caer en estados patológicos de distinta índole.

Como conclusión, el gato suele ser un animal que no tiende a enfermar con facilidad. En este sentido, si el felino está cuidado correctamente, tendrá muchas posibilidades de estar nunca o casi nunca enfermo o indispuesto.

SÍNTOMAS DE ENFERMEDAD Los
primeros síntomas o señales de mala salud y de que el animal se encuentra enfermo se suelen traducir en el tipo de comportamiento, es decir, el gato, por lo general, se mostrará más apagado y menos activo, y su apetito se verá afectado, ya sea en una disminución o en un aumento del mismo. El gato puede mostrar síntomas agudos de enfermedad, síntomas importantes u otro tipo de dolencias.

• Síntomas agudos. Si el animal muestra uno de los siguientes síntomas, deberá llevarle o avisar de inmediato al veterinario: colapso, vómitos repentinos durante más de 24 horas, diarrea durante más de 24 horas, problemas respiratorios, hemorragia, o pupilas dilatadas.

• Síntomas importantes son palidez, vómitos, diarrea, respiración anormal o hemorragia.

• Otros síntomas de enfermedad son los relacionados con problemas respiratorios: estornudos o goteo nasal; problemas orales o de apetito: babeo, apetito insuficiente, mucha sed; problemas oculares: supuración, ojos nublados, párpados cerrados; problemas auditivos: supuración de los oídos; problemas corporales: dolor al tocar, cojera; problemas intestinales y urinarios: estreñimiento, ganas frecuentes de orinar, esfuerzos.

Si el gato se muestra apagado y triste, pueden ser síntomas de enfermedad.

Debemos prevenir las enfermedades que pudiera padecer nuestro gato antes de que aparezcan.

Cómo se manifiesta la enfermedad

La mala salud del gato se puede manifestar por un comportamiento claramente anormal, por la falta de apetito, porque el pelo carece de la forma o del brillo habituales, y por los ojos, porque éstos no se abren del todo o están velados por una membrana.

La enfermedad también se puede manifestar en las heces, ya sea porque son demasiado líquidas o demasiado secas; lo mismo sucede con la orina, cuando la micción es débil, dolorosa o demasiado frecuente. Para detectarlo, debemos observar al gato.

Dolencias y alteraciones

Existen distintas y diferencias dolencias en el organismo del gato, dependiendo de la procedencia de la misma y del órgano o parte del cuerpo afectado.

Siempre que el animal muestre algunos de los síntomas descritos anteriormente o se observen algunas de las siguientes alteraciones, el dueño del animal debe recurrir al veterinario lo antes posible.

• Alteraciones respiratorias. Los problemas respiratorios más comunes en el gato son debidos a una infección. Aunque muchas de estas enfermedades son benignas, algunas clases de gripes pueden llegar a amenazar la vida del gato, sobre todo en animales no vacunados. Las principales alteraciones son: tos, jadeos, respiración superficial, estornudos y respiración silbante.

• Alteraciones digestivas. Los problemas más comunes son vómitos, diarreas, estreñimiento, pérdida de apetito e hinchazón del vientre. Las causas de las alteraciones digestivas pueden ser originadas por razones poco importantes o por causas peligrosas. Los problemas de tipo nutricional no suelen ser corrientes y cuando aparecen son reacciones alérgicas a un determinado elemento.

• Alteraciones oculares y auditivas. De todos los problemas relacionados con los ojos y los oídos, los más serios son la ceguera y la sordera. No obstante, las probabilidades de que un gato se quede ciego o sordo son relativamente pequeñas; los problemas más frecuentes son las obstrucciones ocasionadas por cuerpos extraños tanto en los ojos como en los oídos.

• Alteraciones urinarias. El problema más corriente del aparato urinario en el felino es la inflamación de vejiga y de uretra. Debe tener en cuenta que todas las alteraciones urinarias son potencialmente graves, por lo que es esencial que acuda al veterinario en el momento en que se detecte.

• Alteraciones reproductivas. Se trata, sobre todo, de alteraciones en el aparato reproductor de la hembra, ya que en el caso de los gatos éstos no suelen presentar problemas especiales. El único problema

más frecuente es el de la mordedura infectada de otro gato macho.

• Alteraciones circulatorias. A diferencia del ser humano, el gato no suele sufrir enfermedades cardíacas, siendo las principales alteraciones circulatorias las relacionadas con la sangre.

• Alteraciones nerviosas. Los daños más relevantes en el sistema nervioso del gato, es decir, en el cerebro, la médula espinal y la red de nervios, están causados, en la mayoría de los casos, por accidentes. No obstante hay un cierto número de enfermedades que pueden afectar también a este sistema.

• Alteraciones musculares y óseas. Suelen ser poco frecuentes en el felino y están causadas por peleas o accidentes. Siempre que se encuentre con una dolencia de este tipo, no le suministre nunca al gato una aspirina o algún medicamento para personas.

El gato enfermo se encontrará menos activo de lo habitual.

• Alteraciones de la piel y del pelo. Para un diagnóstico serio y eficaz se debe recurrir a un examen profesional, ya que los problemas cutáneos no siempre están causados por una enfermedad o por parásitos, en algunos casos se deben simplemente a cicatrices de las peleas. Entre las enfermedades cutáneas destacan la pérdida de pelaje, los cambios en la piel, la inflamación y la irritación.

APLICACIÓN DE MEDICAMENTOS Y VENDAJES
Cuando el animal presenta una lesión cutánea leve, no será necesario ningún tipo de medicación al respecto, pero en el caso de que haya que suministrársela, el fármaco no debe contener ninguna sustancia tóxica, ya que el felino se lamerá e ingerirá determinados elementos perjudiciales que podrían causarle un daño mayor.

Afortunadamente, los gatos no requieren vendajes, ya que son difíciles de aplicar en el escurridizo cuerpo del animal. Además, mantener un vendaje en el felino doméstico es difícil y complicado, ya que se suele mostrar intolerante a cualquier tipo de presencia extraña en su cuerpo.

Siempre y cuando el vendaje resulte imprescindible, éste debe ser realizado por el veterinario, a pesar de que el animal tarde o temprano terminará quitándoselo. En estos casos, el facultativo suele recurrir, para que el gato no se quite el vendaje, a recubrir todo el cuerpo del felino con una especie de venda-camiseta.

APLICACIÓN DE FÁRMACOS
Hay dos maneras de suministrar los medicamentos al gato: por vía oral y rectal.
• Por vía oral. A menudo el gato rechaza,

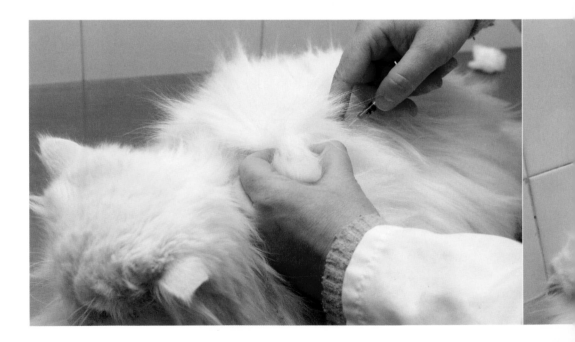

por su sabor desagradable o por cualquier otra razón, los fármacos que tiene que tomar, aunque éstos estén mezclados con la comida. Por esta razón es recomendable mezclar el fármaco con algún alimento que le guste especialmente al gato o que tenga un sabor muy intenso y fuerte, para enmascarar lo más posible el sabor del medicamento. En el caso de que el felino logre detectar el fármaco y rechace la comida, no habrá más remedio que recurrir a otra medicina, preferiblemente en estado líquido para hacérsela tragar en cuentagotas por la boca. La operación resultará, evidentemente, difícil y el éxito de la misma dependerá de la docilidad del animal y del sabor del medicamento.

• Por vía rectal. Siempre que sea posible, deberá evitar el suministro de medicamentos por vía rectal, ya que los supositorios suelen poner muy nerviosos a los gatos que se esfuerzan, en todo momento, en expulsarlos, consiguiéndolo tarde o temprano con relativa facilidad.

Tan sólo debe reservarse este tipo de posología a aquellos casos que sean de urgencia o de necesidad, ya que este tipo de indicación genera en el animal un estado de tensión que es mejor evitar.

CUÁNDO SON NECESARIAS LAS VACUNAS

A los gatos se les puede suministrar diferentes tipos de vacunas preventivas, que tienen que ser aplicadas siempre por el veterinario, ya que es la única persona que puede certificar su aplicación.

Normalmente, los criadores deportivos y los propietarios de gatos de raza suelen proceder a la aplicación de las vacunas, ya

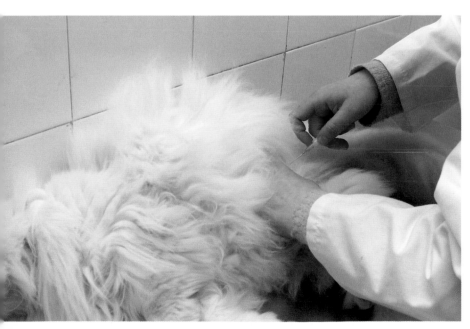

A los gatos se les puede suministrar diferentes tipos de vacunas preventivas, que tienen que ser aplicadas siempre por el veterinario.

LA FIEBRE

Si el gato tiene fiebre es evidente que el animal se encuentra enfermo. El problema de la fiebre del felino es cómo tomársela, ya que no es suficiente con tocar las orejas y la nariz del gato para comprobar si tiene un estado febril, es decir, no es suficiente comprobar si las orejas están calientes y la nariz seca para saber que el animal se encuentra enfermo.

La temperatura del gato se mide habitualmente por vía rectal por medio de un termómetro especial, colocado en el recto al menos durante tres minutos. La temperatura corporal de un gato sano es de 38,6 grados, por tanto se considera que si el felino tiene 39 o más grados es síntoma de enfermedad.

En el supuesto de que el animal no se deje tomar la temperatura y se revele, se debe desistir de realizar la medición.

sea porque son razas valiosas que compiten en certámenes y exposiciones o porque son razas más delicadas que los gatos comunes o salvajes.

Sea como fuere, lo cierto es que las normas veterinarias aconsejan que los gatitos sean vacunados a las doce semanas contra la enteritis infecciosa de los felinos, realizando cada dos años otra vacunación de recuerdo.

Igualmente, es recomendable poner la vacuna antirrábica a los gatos domésticos y a aquellos animales que suelen pasear libremente por el campo, por la calle o que residen en zonas donde la enfermedad está muy extendida. La rabia en una enfermedad muy difundida por los zorros en Europa central y occidental.

CUIDADOS EN CASA
En el caso de que el gato enferme por la razón que sea, el dueño del animal deberá proporcionar al felino una zona de descanso, limpia y seca para que repose lo más tranquilamente que pueda; así como ofrecerle una dieta apetecible y nutritiva, además de las medicinas y fármacos que le ha recetado el veterinario.

Cuando el gato está enfermo, éste requiere descanso, cuidado y calor. Para ello, deberá buscar un lugar limpio, con calefacción, bien ventilado y con una cama cómoda y arreglada regularmente. También es importante que la zona de descanso del animal enfermo disponga de un sistema de ventilación sin corrientes de aire.

En el caso de que la casa no disponga de calefacción, puede incorporar a la zona de reposo del gato una estufa, una manta,

El dueño del gato debe estar atento frente a cualquier anomalía que presente su animal porque es la persona que mejor detectará los síntomas de una enfermedad.

un calefactor de infrarrojos o una bolsa de agua caliente.

En ningún caso debe permitir que el gato enfermo o convaleciente salga de la casa. En este sentido, el animal deberá estar controlado y vigilado las 24 horas del día.

En cuanto a la alimentación del animal enfermo, debe tener presente que el gato suele perder el apetito cuando se encuentra mal. Pero no se preocupe por este extremo, ya que el gato puede estar varios días sin comer y no morirse por ello. Debe tener muy en cuenta la posible deshidratación del felino, agravada sobre todo por los vómitos

y la diarrea; en este caso, deberá preparar un alimento líquido para que no se deshidrate y muera, que será suministrado en cucharadas de manera frecuente.

El procedimiento para alimentar a un gato a cucharadas por medio de alimentos líquidos es el siguiente: coja al gato por el pescuezo y desplace la cabeza del mismo hacia atrás para que abra la boca; una vez que lo haya hecho, introduzca un poco la cuchara y deje correr el líquido por la lengua del animal.

La dieta especial para gatos enfermos debe estar compuesta por alimentos apetecibles y nutritivos para el animal, es decir, ricos en proteínas, minerales y vitaminas, así como fáciles de digerir y ricos en calorías.

Los alimentos líquidos preparados pueden ser los siguientes:
• Disolución de glucosa, dos cucharadas por cada taza de agua.
• Miel diluida, dos cucharadas por cada taza de agua.
• Caldo de ternera.
• Gelatina caliente y líquida de ternera.
• Alimentos líquidos para gatos enfermos.

Los alimentos sólidos pueden ser los siguientes:
• Pescado y marisco fresco.
• Carne troceada de la mejor calidad.
• Queso y huevos.
• Pollo, cordero o hígado de cerdo asados.
• Alimentos para bebés a base de carne o pescado.
• Puré de patata y arroz hervido.

La higiene de la habitación y de la zona donde reposa el animal debe ser limpiada de manera frecuente y continua por medio de desinfectantes, así como la inspección regular del gato para comprobar su evolución higiénica.

CUIDADOS VETERINARIOS
Cuando el gato no se encuentre bien o esté lesionado a causa de algún accidente, el propietario del animal deberá llevarlo al veterinario para que lo examine y le prescriba un tratamiento.

Para quedar con el facultativo, el dueño deberá telefonear antes a la consulta y pedir cita para la visita del gato. La revisión del animal puede hacerse en la misma consulta,

llevando al gato al centro veterinario, o que el veterinario se traslade hasta la casa para observar al felino.

En el caso de que haya que mover al gato enfermo hasta la consulta, la forma de hacerlo es la siguiente: sujete al animal por el pescuezo con una mano y coloque la otra debajo de sus cuartos traseros; a continuación envuélvalo en una manta y colóquelo en una cesta de transporte para llevarlo. Si el animal está inconsciente, deberá ladearlo y levantarlo con las dos manos colocadas por debajo del tórax y la pelvis.

Una vez que se encuentre en la sala de consulta con el felino o que el veterinario haya ido a su casa, éste le preguntará por los pormenores del problema del animal, así como por el historial médico. El dueño del gato debe ser en este punto sincero, claro, conciso, y facilitar la mayor información posible. En ningún caso, el propietario del animal deberá aventurar un diagnóstico sobre la dolencia del gato; esa labor corresponde únicamente al facultativo.

Una vez oído lo que le sucede al animal y examinado por el veterinario, el médico le comunicará si el gato puede ser cuidado en casa o por el contrario tiene que ser ingresado en un hospital para continuar con el diagnóstico o para realizar las pruebas terapéuticas necesarias.

Si el animal se encuentra muy enfermo y no hay prácticamente cura para él, el gato

Para que el felino se sienta cómodo en el hogar, éste debe estar limpio y desinfectado.

Pocos gatos superan la edad de 17 años, y son muchos menos los que cumplen 20 años.

morirá seguramente mientras duerme. No obstante si un gato está sufriendo y se sabe que no hay posibilidades de mejoría, o si está enfermo y se siente desgraciado y sin posibilidad de recuperación, el dueño del felino deberá tomar una decisión difícil: la eutanasia del animal. Llegado este momento, sería francamente una irresponsabilidad por parte del dueño negarle al animal un final digno y sin sufrimiento.

La eutanasia consiste en la aplicación de una anestesia general que provoca la muerte del gato. En estos casos, el veterinario inyecta en el cuerpo del felino, ya sea por vía intravenosa o a través del tórax, una sobredosis de anestesia, que no produce ningún dolor ni sufrimiento al animal.

Una vez que el gato ha muerto, el veterinario seguramente le ofrezca la posibilidad de organizar la cremación y sepultura del animal o, si lo prefiere, el dueño puede enterrarlo él mismo o llevarlo a un cementerio para gatos.

Una vez muerto el gato, el veterinario también le puede indicar la utilidad médica de realizar una autopsia *post mortem* al animal. En este caso es recomendable que acepte el ofrecimiento del médico de contribución al avance de la salud de los animales.

CUIDADOS DEL GATO VIEJO A

medida que el gato envejece, el cuerpo del mismo va adelgazando y el apetito del felino suele sufrir alteraciones. Todos estos cambios metabólicos pueden estar asociados a problemas en el hígado o en los riñones que son, en general, difíciles de diagnosticar si no existe otro tipo de síntomas evidentes.

Por eso, todos los gatos mayores deben pasar controles veterinarios periódicos cada tres o cuatro meses.

Tenga en cuenta que son pocos los gatos que superan la edad de 17 años, y menos aún los que llegan a los 20 años.

Los consejos a tener en cuenta con un gato viejo son los siguientes:

• Problemas intestinales e incontinencia. La mayoría de los gatos viejos tienen problemas de estreñimiento o de incontinencia. En el caso de que esta circunstancia resulte molesta para el dueño del animal o para los miembros de la casa, deberá consultar al veterinario. No olvide que las pérdidas involuntarias de orina pueden ser debidas a cistitis, enfermedad que tiene que ser tratada médicamente.

• Cuidados dentales del animal viejo. Si se han seguido los controles de boca periódicos, el animal no tendrá sarro en los dientes, sin embargo es prácticamente inevitable que el sarro se forme a la edad madura. Por ello, y para evitar la formación elevada de sarro en los dientes, deberá evitar proporcionar al gato comidas blandas que ocasionen la formación rápida de sarro, provoquen lesiones en las encías, inflamen los alvéolos y provoquen la pérdida de piezas dentales. En esta etapa, es recomendable limpiar los dientes una o dos veces por semana.

• Problemas oculares y auditivos. Con la edad, la vista y la capacidad auditiva del animal decrecen. En este sentido, tenga en cuenta que un gato sordo no puede oír los peligros potenciales que le acechan y que un animal ciego se chocará con todas las partes de la casa y no sabrá dónde se encuentran los recipientes de la comida y del agua. Si el animal se vuelve ciego, deberá colocar siempre en el mismo sitio los

Una vez que el animal ha sido examinado, el veterinario le comunicará si el gato puede ser cuidado en casa.

cuencos de comida y deberá mantener los mismos muebles en el mismo lugar, de esta forma evitará posibles peligros para el animal ya que conocerá y recordará perfectamente la casa.

• Consejos sobre la alimentación del gato viejo:

– Si el apetito del gato aumenta, deberá aumentar también la cantidad de cada ración o el número de comidas.

– Ofrezca al animal alimentos ricos en proteínas de buena calidad y una gran variedad de hortalizas y frutas.

– Proporciónele agua y leche fresca cuando lo desee.

– Mezcle una cucharada de manteca de cerdo con la comida para proporcionar al animal las calorías extra que necesita el gato viejo.

– Añada de vez en cuando parafina líquida en la comida del gato para evitar el estreñimiento.

– Por el contrario, para mejorar el estreñimiento, añada salvado y pescado graso a la dieta del felino.

CÓMO CONSERVAR LA SALUD DEL GATO

Para reducir las posibilidades de que el gato caiga enfermo deberá seguir las siguientes recomendaciones básicas: evitar los peligros, cumplir las precauciones higiénicas, acudir periódicamente al veterinario y vacunar al animal de forma regular.

• Evitar los peligros. Como norma general a cumplir, deberá evitar que el gato se aleje de la casa, sobre todo si el animal reside en zonas urbanas. También deberá limitar las salidas al jardín, vigilar los paseos fuera de la casa y llevarlo siempre con correa si sale fuera de la vivienda.

• Precauciones higiénicas. La higiene es un factor esencial y elemental para la salud del felino. En este sentido deberá mantener la cama y todos los elementos del gato limpios. Inspeccione, igualmente, de forma regular los ojos, oídos, orificios nasales, boca, pezuñas, pelaje, genitales y zona anal para evitar posibles y futuros problemas de salud.

• Consulta con el veterinario. Siempre que adquiera un gato debe llevarlo inmediatamente al veterinario para que le haga una primera revisión y le registre. Todos los veterinarios tienen una buena formación en diagnóstico y tratamiento de felinos, pero como norma general es mejor que elija a un facultativo que tiene cierta sensibilidad y cariño por estos animales domésticos. También es recomendable que se informe sobre los seguros médicos existentes para animales domésticos, ya que suelen ser una buena opción en caso de accidente o enfermedad grave e imprevista para evitar los elevados gastos del tratamiento.

• Vacunas. Asegúrese de que el gato recibe todas las vacunas preventivas necesarias contra las principales enfermedades, así como las correspondientes dosis de refuerzo.

PRIMEROS AUXILIOS Los gatos parece que poseen una habilidad especial para evitar accidentes y no lesionarse ante caídas o atropellos. Sin embargo, no siempre salen tan bien parados como en un principio se cree. La rapidez y destreza en la práctica del primer auxilio al animal, en caso de accidente, es muchas veces trascendental para la vida del gato.

Las principales urgencias que suele requerir un gato son: accidente por caída o atropello, ingestión de venenos, y heridas y quemaduras.

El equipo básico de primeros auxilios que siempre hay que tener en casa está compuesto de: desinfectante inocuo, leche de magnesia, parafina líquida, crema antiséptica, líquido antiséptico, tijeras de punta, tijeras de punta redondeada, termómetro especial para gatos, vendas, esparadrapo, algodón, bastoncillos para los oídos, gasa fina y bolsas de plástico para cubrir los vendajes.

En caso de accidente, el procedimiento resumido a seguir es el siguiente: saque al gato del lugar de peligro, controle su pulso, controle la respiración, y compruebe el corazón; una vez realizado este primer examen realice aquella cura que proceda, es decir, detenga la hemorragia, cure los huesos rotos, o contacte en su defecto con el veterinario en el caso de que no sepa cómo tratar la lesión o ésta sea muy grave.

En el supuesto de que el animal haya ingerido un veneno, lo único que tiene que hacer es llamar rápidamente al veterinario y seguir sus instrucciones.

Si el animal tiene heridas y quemaduras, deberá lavar la zona afectada, recortar el pelo que sea preciso, controlar la hemorragia y vendar la zona. Una vez hecho esto, deberá acordar una visita con el veterinario.

Comprender al gato

Los gatos son animales conocidos y apreciados por su independencia y su espíritu libre. Por esta razón, cuando el felino se relaciona con el hombre, la persona se siente, en cierta forma, privilegiada y apreciada. La comunicación es otro de los factores esenciales para conocer y comprender al felino en todas sus dimensiones. Es evidente que tanto el lenguaje como la expresión corporal del gato son completamente distintos a la del ser humano. A pesar de ello, el hombre puede llegar a comprender y entender a su gato por medio de la observación detallada del animal, a través de su lenguaje corporal y de sus acciones.

Si se estudia y conoce a la perfección todos los movimientos y reacciones del felino, se puede llegar a intuir y a adivinar qué es lo que realmente quiere expresar el gato y qué es lo que está pensando en cada momento.

No cabe duda que adquirir los conocimientos suficientes para saberlo cuesta tiempo y esfuerzo de observación y estudio, pero con paciencia y método se puede empezar a intuir lo que realmente piensa el gato.

LA INTELIGENCIA DEL FELINO A

diferencia de otros animales domésticos, el gato es un animal que es muy inteligente, debido principalmente a la alta percepción que tiene sobre el mundo y el entorno que

le rodea. Gracias a esta capacidad, el felino halla respuestas a los problemas que le surgen, aplica soluciones y adapta las soluciones planteadas a las futuras situaciones que se le puedan presentar.

Normalmente, el patrón más utilizado para medir la inteligencia animal es comparar el peso del cerebro con la longitud de la médula espinal para saber cuánta es la cantidad de materia gris que posee un determinado volumen (el cuerpo del gato). En el caso del gato, esa relación es de 4 a 1, mientras que en el mono es de 18 a 1 y en el ser humano es de 50 a 1.

La capacidad de aprendizaje del felino, con independencia de su instinto, es relativamente alta, aunque el gato a diferencia de otros animales domésticos

El felino realizará los ejercicios aprendidos sólo si le apetece, nunca los hará si es obligado a ello.

El gato dispone de cierta capacidad de aprendizaje y de memoria, como sucede con otros animales.

como el perro realizará el ejercicio aprendido sólo si lo desea y le apetece. El hecho de cazar, por ejemplo, no es un ejercicio instintivo e innato en el animal, ya que se ha comprobado que los gatitos que nacen de madres no cazadoras o aquellas crías que carecen de compañeros en la camada, no aprenden a cazar a no ser que se les enseñe a ello. Otra de las costumbres aprendidas del gato doméstico es a utilizar la cubeta de los excrementos; en este caso, el acto higiénico también se trata de un ejercicio aprendido y no instintivo.

El gato, al igual que otros animales, dispone de capacidad de aprendizaje y de memoria para realizar aquellas actividades que son consideradas útiles por el animal. Entre los ejercicios aprendidos se encuentran los siguientes:

• Abrir una puerta saltando sobre la manilla.
• Llamar la atención de las personas de distintas formas y maneras: haciendo sonar objetos, golpeando puertas o lanzándose sobre el timbre y haciéndolo sonar.
• Beber agua del grifo.
• Beber leche de la jarra o comer alimento seco de dentro del paquete utilizando las garras.
• Hallar el camino de regreso a la casa.
• Regresar a la vivienda cada vez que es llamado por su nombre.

El objetivo principal del gato es abastecerse de alimento, es decir, el gato no es defensor ni del trabajo ni del esfuerzo, tan sólo intentará obtener un fin si ese objetivo se llama comida. Por tanto, el felino no trabajará por el placer de hacerlo o porque le gusta, como sucede por ejemplo con los conejos de indias o con los hamsters que giran sobre la noria porque les agrada, sino que sólo se esforzará por su propio beneficio.

En ocasiones, da la sensación de que el gato además de inteligencia, que la tiene, posee una especie de sexto sentido, es decir, es como si tuviera poderes sobrenaturales. En este sentido, el gato es capaz de captar cosas y sensaciones que al ser humano le pasan desapercibidas. La explicación a este hecho tan singular y peculiar es que el felino tiene un capacidad de visión, auditiva y de detección de vibraciones mucho más desarrollada que el hombre o que cualquier otro animal doméstico, de ahí que el gato tenga ciertas reacciones extrañas ante sensaciones que el humano no percibe. Un ejemplo palpable de una situación de estas características es cuando el gato se eriza en una casa absolutamente tranquila y sin ningún motivo aparente porque ha oído sonidos o notado vibraciones que el hombre no puede detectar. Otro ejemplo de superioridad

perceptiva del felino es cuando hay una erupción volcánica; en este caso, el gato escapará del lugar antes de que se produzca el accidente natural, ya que el animal es capaz de captar y registrar ciertos temblores y cambios en la presión atmosférica que el hombre no percibe. De hecho, la supervivencia del gato como cazador depende, en gran medida, de su extremada agudeza sensorial ante este tipo de cambios exteriores, que sólo son notados por el gato.

En conclusión, la destreza e inteligencia del felino le permiten a éste abrir las puertas, introducirse en los rincones más insospechados y obtener comida allí donde no la hay o está empaquetada.

LA CAZA, COMPORTAMIENTO ESENCIAL EN EL GATO Al igual que

sucede con sus antepasados, el gato doméstico es un depredador y un cazador natural. Esto no significa que el felino cace de forma instintiva, sino que sus deseos de cazar se ven inducidos por motivos de competición y demostración, mientras que las técnicas de caza han sido aprendidas por medio de la observación.

En general, el gato es un excelente animal depredador en tierra, pero es bastante ineficaz en el aire capturando pájaros o similares; además, de los hijos de una madre poco cazadora suelen salir gatos que no cazan muy bien.

Mientras que los gatos salvajes cazan por una cuestión de alimento, el gato doméstico lo hace básicamente por diversión. Como norma típica, el gato suele perseguir todo aquello que se mueve, limitándose a cazar roedores pequeños o pájaros.

El gato doméstico perseguirá y cazará, fundamentalmente, tres tipos de animales: roedores, pájaros y moscas.

• Caza de ratones. En este terreno hay gatos que son muy buenos cazadores de roedores y otros que no lo son. La razón de ello es que unos felinos están acostumbrados a cazar ratones porque lo han aprendido y otros no; el hecho de cazar un ratón es un ritual, simple y llanamente, atávico y muy arraigado en algunos gatos, sobre todo en aquellos que han sido adiestrados para esta captura. El acto de cazar mejor o peor a los roedores no depende ni del hambre que tenga el animal ni de si el gato está castrado o no.

• Caza de pájaros. Muchos propietarios se muestran contrarios a que el felino persiga a los pájaros y les dé captura, por eso le suele colocar al gato un cascabel para que el pájaro escuche el sonido y pueda salir huyendo. Esta medida es una buena idea, pero en ocasiones y con cascabel y todo, el gato regresa a casa con la pieza.

• Captura de moscas. Se dice vulgarmente que los gatos que capturan y comen moscas son más propensos a enfermar y a adelgazar por ello. Sí es cierto que si el gato se come un moscardón, existe un ligero peligro de que el animal ingiera bacterias nocivas y también de que las moscas transporten huevos de lombrices de un gato a otro, pero

El gato doméstico es un depredador y un cazador natural e instintivo.

el riesgo de sufrir esta circunstancia es tan bajo que no merece la pena preocuparse por tal hecho.

El proceso de captura de la presa por parte del felino es el siguiente, desde el punto de vista cronológico:

• El acecho. Tan pronto como el gato localiza a la posible víctima, comienza a aproximarse de manera lenta y cautelosa, ocultándose allí donde le sea posible. El gato se acerca a la presa arrastrándose con el vientre pegado al suelo.

• Las pausas. Los pasos rápidos del felino con la tripa pegada al suelo se ven interrumpidos por pausas durante las cuales el animal observa intencionadamente a su presa. La secuencia de acercamientos rápidos y pausas de repite en varias ocasiones hasta que el felino llega al escondrijo más cercano de la víctima.

• La emboscada. Cuando el gato ya está lo bastante cerca y bien escondido de la presa, éste se prepara para la fase final de la ofensiva, que consiste en flexionar las patas traseras, seguir con los ojos los

El gato es un animal al que le gusta mucho la higiene y la limpieza.

movimientos de la presa y contraer la punta de la cola.

• El ataque. Es el momento en que el gato abandona el escondrijo y se lanza rápidamente hacia delante con el cuerpo presionado sobre el suelo. Cuando se encuentra a una distancia correcta, el felino levanta las patas delanteras y se lanza sobre la presa.

• Sujeción de la presa. Con las patas traseras bien afianzadas en el suelo, el felino sujeta y aprisiona a la presa con las patas delanteras, colocándola de forma que pueda morderla y matarla.

• La muerte de la presa. En el caso de que la víctima se resista, el gato puede retorcerse

El felino aprende el arte de la caza desde cachorro.

y volver a realizar de nuevo el ataque final para sujetarla mejor; igualmente, también puede mantener la primera sujeción y tumbarse de lado para utilizar las patas traseras como instrumento añadido de sujeción de la presa. Una vez bien cogida la presa, el gato procederá a practicar el mordisco mortal con las mandíbulas.

LA SOCIALIZACIÓN DEL GATO La
línea tradicional de investigación del comportamiento del gato se había ocupado, sobre todo, de la observación de los felinos salvajes o de los animales domésticos en sus relaciones entre animales de la misma especie. Sin embargo, los últimos estudios han ahondado en la vertiente de análisis entre el hombre y los animales domésticos. En este

sentido, cabe preguntarse qué es lo que ve el gato en la figura del hombre, ya que en el ambiente salvaje la figura del amo o dueño no existía como tal, y por tanto la cuestión a plantearse es cómo ha sido la evolución de la relación entre el felino y el hombre durante los siglos de domesticación de este animal, vista desde el planteamiento del gato.

La relación de interacción entre el humano y el animal nació dentro del ambiente artificial de la domesticación y se articula en una serie de acciones-reacciones por parte de ambas partes, superando de esta forma la simple dependencia de la comida por parte del gato.

El periodo de socialización del gato con otros animales y otras personas no coincide con el comienzo de la vida del felino, sino

Es habitual que el gato elija a una persona de la familia como amo. Con cada miembro de la familia o de la casa, el felino establecerá una relación diferente.

que se produce algo más tarde y durante un periodo más largo. En principio, se entiende por socialización aquel proceso por el que un animal desarrolla un comportamiento social apropiado en relación con los otros iguales de su misma especie. Sin embargo, en el caso de los gatos domésticos, éstos no sólo se encuentran ante individuos de su misma especie con los que pueden socializarse, sino que también viven e interactúan con individuos de otras especies diferentes, incluidos los seres humanos.

El proceso de socialización entre el gato y el hombre sucede porque el felino se encuentra en un ambiente artificial y provocado, distinto al que estaría en un estado puramente salvaje.

Los distintos estudios realizados al efecto concluyen que el proceso de socialización del felino empieza a las dos semanas de vida y se prolonga hasta que el gatito tiene entre seis y siete semanas de edad. Durante ese periodo de tiempo, el gato doméstico se socializa tanto con los otros gatos como con

El proceso de socialización del felino empieza a las dos semanas de vida y se prolonga hasta que el gatito alcanza las seis o siete semanas de edad.

el resto de animales de la casa y con el hombre.

Obviamente, el primer contacto social que tiene el gatito recién nacido es con la madre y con el resto de miembros de la camada, situación que se da igualmente en el ambiente salvaje; sin embargo, en un entorno doméstico, el gatito además se socializa con la figura del ser humano.

Algunos expertos consideran que el ser humano es una especie de compañero social para el gato, es decir, el gato podría ver en la persona al compañero social ideal, ya que el ser humano no representa, a priori, ningún competidor ni en el terreno de los recursos ni en las relaciones personales con el resto de miembros de la camada.

Otros estudios sobre la sociabilidad del felino con el hombre aseguran que cuanto más se acaricie al gatito durante el periodo de socialización y cuantas más personas mimen y toquen al animal durante ese mismo periodo, mayor será el grado de sociabilidad del animal en el futuro. Igualmente, el hecho de hablar al gato supone una impronta sociable importante.

Ahora bien, según estas teorías, la fase de socialización del felino concluye hacia la séptima semana de vida, es decir, antes de que se produzca el destete del animal y antes de que el gato acabe en las manos de su dueño definitivo. Sin embargo, este detalle temporal parece no tener relativa importancia ya que el aprendizaje social del

felino continúa incluso después de terminada esa fase de socialización del gatito.

En conclusión, la labor de socialización del gato recae en la persona que se ocupa de su crianza, ya sea profesional o no, y el hecho de que el proceso de socialización acabe antes de que el animal llegue a las manos definitivas de su dueño no supone un perjuicio en las relaciones entre el gato y su dueño definitivo.

En este sentido, los estudiosos de la sociabilidad felina consideran que es mucho más perjudicial y dañino para un gato el hecho de que se le separe de la madre en una edad muy temprana, es decir, antes de la octava semana de vida. En cualquier caso, se ha demostrado que el gato es capaz de aprender a lo largo de toda su vida, aunque es mucho más difícil modificar su personalidad cuando el animal es adulto.

Los experimentos realizados en este campo demuestran que la capacidad y el grado de adhesión de un gato a su dueño depende, en buena medida, en cómo se ha desarrollado la vida del felino durante su fase de socialización, así como también, aunque en un grado menor de importancia, del tipo de vida que el gato ha llevado después.

Una buena relación entre un gato y un ser humano se basa, con frecuencia, en la capacidad del animal por satisfacer las expectativas del propietario. Además, se debe tener en cuenta que el felino establecerá relaciones sociales distintas con cada miembro de la familia con la que vive; en este sentido, el animal escogerá a una sola persona como amo, demostrándole acatamiento y esperándole en la puerta de la casa a la hora prevista que regresa del trabajo, así como reposando encima de los objetos personales que pertenecen a la persona que el gato considera su dueño.

Lᴀ ʀᴇʟᴀᴄɪóɴ sᴏᴄɪᴀʟ ᴇɴᴛʀᴇ ʟᴏs ɢᴀᴛᴏs

Los gatos domésticos y por extensión los felinos salvajes viven y se desarrollan en ambientes y comunidades organizadas donde es posible identificar claramente las distintas relaciones entre ellos. En este sentido, el animal gato es considerado una especie social al tener cada integrante de la misma una función determinada dentro del grupo, ya sea macho adulto, hembra adulta, machos y hembras subadultos, machos y hembras jóvenes, y machos y hembras crías.

Por el contrario, la especie solitaria es aquella en la que sus individuos sólo tienen relaciones esporádicas durante la época de acoplamiento y durante el periodo de crianza de la camada. Durante el resto del tiempo, los individuos de la especie solitaria llevan una existencia y subsistencia, básicamente, solitaria.

Sin embargo, los grupos sociales hacen y realizan una especie de vida en común, dependiendo del grado de sociabilidad, desde la más sencilla de los bancos de peces hasta la más compleja de los grupos sociales humanos.

• Relaciones macho-macho. El macho se distingue de la hembra, a simple vista, en que el gato posee un aspecto físico y adopta una postura diferente a la hembra. Así, el macho dispondrá de una cabeza más grande, unas mejillas más prominentes, la cara será más cuadrada, tendrá un cuerpo más macizo y su talla será ligeramente superior a la de la hembra.

Desde el punto de vista de los comportamientos felinos, el macho caminará caracoleando y con vigor, además de enfrentarse con más facilidad que en el caso

El gato elegirá a una persona de la casa como su dueño y se paseará encima de sus objetos personales.

de la hembra a las posibles amenazas exteriores. Tal y como sucede con la mayoría de las especies animales, el macho se exhibirá mucho más que la hembra y todas sus acciones serán orgullosas.

Sin embargo, las actitudes y comportamientos propiamente del macho no empezarán a mostrarse hasta que el animal felino no es adulto, es decir, durante la primera etapa de vida del gato, macho y hembra se relacionarán y se expresarán de formas similares.

Solamente cuando el animal rebasa la edad juvenil y de subadulto, los machos adultos acaban tolerándose entre sí dentro del grupo, ya que a pesar de que están continuamente en conflicto y en competición por una cuestión de afirmación personal

dentro del grupo, lo cierto es que se toleran y cooperan en la defensa de los recursos naturales y contra la presencia de posibles intrusos externos.

Esta tolerancia entre los machos adultos de una misma manada o grupo se traduce en dos formas de comportamiento: la ignorancia entre los miembros del grupo y la lucha entre ellos. La ignorancia mutua significa que los machos adultos rara vez tienen comportamientos amistosos, es decir, no se saludan cordialmente cuando se encuentran y no duermen juntos. Por lo que respecta a la lucha ritualizada, los machos no pueden evitar enfrentarse cuando se encuentran en un paso estrecho o cuando están juntos ante un mismo trozo de comida. El combate ritualizado termina generalmente

A pesar de la creencia general, al gato le gusta el contacto con el ser humano, pero sólo se produce cuando al felino le apetece.

Los machos adultos rara vez tienen comportamientos amistosos, a diferencia de lo que sucede con las crías.

con uno de los contendientes en posición de subordinación frente al ganador, que da muestras evidentes de haber ganado la lucha.

• Posturas defensivas. La reacción natural de un gato que ha perdido un combate es la de alejarse. Si el animal perdedor no puede irse, por los motivos que sean, se quedará quieto y semiarrodillado delante del ganador con las orejas agachadas y resoplando. Contrariamente a lo que se puede pensar, cuando un gato resopla significa que está asustado y a la defensiva, y no en disposición de ataque.

• Combates reales. Lo cierto es que los verdaderos combates, los de contacto físico entre gatos, son realmente extraños de presenciar y si suceden son tremendamente cruentos y dejan señales y marcas en el cuerpo del adversario.

Los combates reales, de suceder, acontecen entre individuos de fuerzas iguales, por ejemplo, entre dos machos adultos de rango alto de un mismo grupo de felinos. En este sentido, es muy difícil asistir a un choque real entre un macho adulto dominante y un subordinado, o entre un gato «residente» y otro intruso o «extranjero».

La lucha real no es larga en el tiempo. Lo habitual es que el choque sea breve y muy rápido. A diferencia de lo que sucede con otras especies de animales, por ejemplo los leones, en el caso de los gatos, éstos no

Los machos suelen enfrentarse unos a otros, rara vez combatirán contra una hembra. En cambio, las hembras son capaces de establecer una relación amigable entre ellas.

llegan nunca hasta la muerte de uno de los dos contendientes. Lo que sí puede suceder es que las heridas causadas provoquen con el tiempo la muerte de uno de los dos gatos, pero nunca dentro del combate.

• Jerarquía social. Los animales felinos machos y adultos de una misma manada luchan por el territorio todos juntos contra los individuos no pertenecientes al grupo. El territorio se entiende como el lugar en donde se encuentran las fuentes de comida, los recursos naturales y los refugios.

Sin embargo, los machos de un mismo grupo se pelean entre sí por el hecho de obtener un mayor rango social y por hacerse respetar dentro de la jerarquía social. De hecho, los gatos machos de un mismo grupo se distinguen unos de otros, dentro de una jerarquía social, en individuos de alto rango y de bajo rango, además del gato dominante. El rango social de cada animal se obtiene con el registro de todas las victorias, así el individuo A domina sobre el B, el gato B domina a su vez sobre C, pero no sobre A, y de esta forma sucesivamente hasta completar toda la jerarquía de la manada de manera lineal. Aunque no se puede establecer con certeza que exista una jerarquía social claramente definida, lo cierto es que algunos machos son de rango alto y

Otra diferencia sustancial con los machos es que las hembras no se enzarzan en combates de lucha ritualizados o reales, ni tampoco tienden a marcar el territorio con orina.

Esta apreciación en el comportamiento de las gatas no significa que las gatas sean siempre plácidas y no agresivas, ya que las hembras de los felinos suelen ser, en general, agresivas con los animales de otra especie o con los seres humanos desconocidos. Pero, sin embargo, son amables y cariñosas entre ellas siempre que se trate de hembras de la misma camada o grupo.

otros de rango bajo, y que los primeros dominan a los segundos.

• Relaciones entre hembras. El comportamiento entre las hembras de los felinos es radicalmente distinto y diferente, dentro del grupo, al experimentado entre los machos. Mientras los machos de una misma manada se ignoran entre sí y combaten, ya sea de forma ritualizada o en combate real, las hembras muestran una relación amigable y basada en la cooperación.

Al contrario que sus compañeros los gatos, las hembras buscan el contacto físico cuando se encuentran o se saludan, ya sea olisqueándose mientras tienen los rabos levantados o frotándose las unas con las otras. Además, a las gatas las gusta dormir juntas y limpiarse las unas a las otras.

Los combates reales se producen entre individuos de fuerzas iguales, por ejemplo, entre dos machos adultos de rango alto de un mismo grupo de felinos.

• Conflicto entre sexos. El principal conflicto entre los sexos viene dado por el acto de la reproducción con el objeto del mantenimiento de la especie en las mejores condiciones posibles. Así, el macho tiende a incrementar la cantidad de la prole existente lo más posible, mientras que la hembra tiende a la calidad de la camada para criar a un conjunto de gatitos que se adapte mejor al ambiente y hábitat existente.

Por tanto, el fin de la gata es aparearse con más de un macho para aumentar, de esta forma, las probabilidades de obtención de una buena camada que sobreviva en un ambiente hostil; mientras que para el gato, su fin es monopolizar a la hembra para que engendre gatitos sólo de él.

Sea como fuere, lo cierto es que los gatos, tanto machos como hembras, pertenecen a una especie que se caracteriza por su promiscuidad, es decir, todos se aparean con todos.

• Relaciones entre animal adulto y cachorro. Por lo general, el animal joven suele provocar, por distintas circunstancias, la agresividad e irascibilidad del gato macho adulto. Una de las razones de esta diferenciación es la gran semejanza en cuanto a tamaño y tono de pelaje entre el animal joven y el adulto, lo que puede llegar a provocar distintos conflictos de comportamiento cuando dos machos se cruzan, ya que el adulto no sabe a primera vista si se trata de un animal joven o de un adulto con intención de rivalidad.

La única diferencia entre un ejemplar adulto y uno joven es el olor que desprende uno y otro. En este sentido, si el animal adulto olfatea al joven, enseguida se percatará de que se encuentra ante un gato joven y, por consiguiente, no será interpretado como un competidor potencial. En este contexto, la actitud de los dos gatos será más o menos relajada, aunque se pueda advertir una cierta inspección por parte del animal adulto y un poco de miedo por parte del joven.

Muy distinta es la actitud entre el gato adulto y el cachorro, que puede ser traducida como timidez por una cuestión de equivocación. Así, por ejemplo, en muchas ocasiones, el gatito corretea alegremente hacia el individuo adulto porque cree, debido a su talla, que se trata

Los gatos necesitan mimos y caricias constantes.

de su madre; sin embargo cuando se acerca y llega a la altura del macho se percata que no es como él había pensado y se siente sorprendido, turbado y con mucha timidez. Es en ese momento, cuando el macho no sabe muy bien qué hacer, aunque la tendencia natural del adulto es mantenerse quieto, no molestar al pequeño, y pasado un tiempo prudencial darse la vuelta e irse. En estas circunstancias concretas de confusión entre ambos, el adulto es incapaz de hacer daño al cachorro debido a un mecanismo de inhibición de violencia ante un ser pequeño de su misma especie, y el gatito se muestra desorientado y ligeramente miedoso.

• Relaciones entre cachorros. Los gatitos dedican un porcentaje muy grande de su tiempo a jugar, comportamiento que tiene un papel fundamental en la futura socialización y sociabilidad del animal. De hecho, en el caso de los gatos, el juego aporta a largo plazo un beneficio destacado tanto por la experiencia adquirida, que se traduce en un mayor conocimiento del propio cuerpo y de sus capacidades, como en un mayor y mejor conocimiento del ambiente.

El objetivo final del juego es que el animal se desarrolle mejor, potencia mucho más sus posibilidades cerebrales y está mejor preparado para afrontar la vida adulta.

COMPORTAMIENTO SOCIAL DEL GATO DOMÉSTICO
La forma de comunicarse del gato, ya sea con animales de su mismo grupo, especie, con otros animales o con los humanos, es a través de diferentes signos y señales corporales. En este sentido se distinguen cuatro clases diferenciadas:

• Signos vocales: ronroneos, chillidos de enfado y maullidos lastimeros.

• Señales corporales: expresiones faciales, y posturas y posiciones de la cola.

• El tacto es practicado por los gatos por medio del roce entre las narices o a través del aseo a otros animales.

• El olor es utilizado por el felino para marcar el territorio y para identificar a los individuos.

El gato es un animal que se ha adaptado perfectamente a la vida doméstica con los humanos, llegando incluso a buscar su afecto y compañía. Como contrapartida, el hombre ofrece al felino atención, afecto y comida.

• Olor común. A los gatos les gusta frotarse para mezclar, de esta manera, su olor con el de las personas de la casa, y así formar un único y reconocible olor común. Este tipo de comportamiento es realizado por el gato

Las hembras no se enzarzan en combates de lucha ritualizados o reales, como llevan a cabo los machos.

El olor es utilizado por el felino para marcar el territorio e identificar a otros gatos.

doméstico tanto con los humanos familiares y amistosos como con el resto de animales de la casa. El olor resultante de la mezcla es una esencia tranquilizadora, que huele como la vivienda y que representa para el felino seguridad y cobijo. El hecho de mezclar el olor del gato con el de los humanos es una operación vital para la futura interacción social entre el dueño y el animal.

• Saludos. El gato saluda a las personas que conoce por medio del rabo levantado o tieso y con un maullido especial y suave. Como los gatos no son animales altos, éstos suelen proceder después del primer saludo a pasearse en torno al dueño, al tiempo que intentan frotarse entre las piernas del propietario.

• Caricias. Cuando el hombre acaricia al gato, éste tiende a expresar unas reacciones muy típicas de la cría, es decir, suele ronronear, presionar y masajear las patas delanteras.

Igualmente, cuando el animal está disfrutando de la compañía humana, éste tiende también a masajear y ronronear, lo que indicará que el felino se encuentra contento y a gusto.

No debe olvidar que el acto de acariciar al gato supone para éste una acción similar a la de la madre gata cuando lame a sus crías.

• Necesidades sociales. Los gatos requieren distintos grados de contacto social según la clase y raza del animal. Así, en algunos casos, el animal requerirá mucha menor presencia humana que en otros, dependiendo de lo independiente y lo distante que sea. En este sentido, los

El gato suele dormir una media de 16 horas diarias de forma interrumpida.

El olor de la vivienda que representa para el felino seguridad y cobijo.

animales que tienen poca necesidad de sociabilidad resultan animales de compañía, en cierta forma, frustrantes, porque aunque aprendan a tolerar las atenciones de los dueños, éstos nunca llegarán a disfrutarlas realmente; otros gatos, en cambio, buscan activamente la compañía humana y muestran signos de aflicción si no consiguen toda la compañía o atención requerida.

Entre las razas más cariñosas se encuentran los siameses y los birmanos.

• Lenguaje corporal. Además del saludo con el rabo levantado, el gato expresa por medio de diferentes posturas corporales estados relajados o tensos.

• Territorio. Aunque el actual gato doméstico no requiera cazar, lo cierto es que el felino no ha perdido el deseo de supervisar la zona o el territorio que considera propio. Para el gato, el territorio representa la seguridad y la fuente de alimento, en el caso de que la persona no se lo proporcione.

• Exploración. Para el gato es fundamental conocer perfectamente el territorio en el que se mueve. Por eso, el felino explora de forma rigurosa y comprobando hasta el último detalle todos los rincones y escondrijos que se encuentra en el camino. Además, la comprobación y la exploración del terreno es realizada por el animal de manera regular, para asegurarse de esta manera que todo sigue como debe.

EL ACTO DE DORMIR

Los gatos pasan una gran parte del tiempo del día durmiendo, ya se trate de gatos domésticos o salvajes. Además, el propio estilo de vida del felino incluye una preferencia absoluta por la comodidad; en este sentido, el animal elegirá el lugar más cálido, el más cómodo y el más mullido para descansar, retozar y dormir.

El gato viene a dormir una media de 16 horas diarias, repartidas en periodos cortos de varios minutos o de horas, pero lo cierto es que no se sabe a ciencia cierta por qué el gato es el mamífero más dormilón del planeta.

Independientemente de que el animal se encuentre despierto o dormido, los gatos están continua y constantemente recibiendo y programando información a partir de los estímulos ambientales que reciben del exterior a través de los órganos sensoriales.

El sueño del gato, según los diferentes estudios realizados, se divide en un 30% en sueño profundo y en un 70% en sueño ligero, alternándose respectivamente los periodos de sueño de una y otra clase.

Los signos externos del sueño del felino son:

• Movimiento de las zarpas y las uñas.
• Contracciones de los bigotes.
• Movimientos de las orejas.
• Emisión de sonidos, en algunos casos.

Otra de las conclusiones de dichos estudios es que durante los periodos de sueño profundo, el animal se muestra tan activo como cuando está despierto. Así, en esos periodos, el felino se encuentra alerta ante cualquier señal de peligro que pueda llegarle por medio del aparato sensorial del mismo, a pesar de que se encuentre profundamente dormido. Por ejemplo, si durante el estadio de sueño profundo del animal, una persona intenta coger la cola del gato, éste reaccionará de inmediato y huirá del lugar donde se encontraba.

Preguntas más comunes sobre el gato

Los propietarios y dueños de gatos, ya sean cachorros o adultos, se suelen hacer multitud de preguntas sobre su nuevo animal doméstico. Cuestiones todas ellas relacionadas con los orígenes, comportamientos, actitudes, y hábitos saludables del felino, además de las habituales recomendaciones médicas o de elección de la raza del gatito. Evidentemente, la forma de ser y las costumbres del gato siguen siendo para muchas personas sinónimo de misterio y admiración. No en vano, al felino se le conoce como el animal de las siete vidas y en una época pretérita el gato fue asociado a rituales mágicos y maléficos. Pero, independientemente de oscurantismos pasados erróneos, el gato es uno de los animales domésticos más idóneos para la convivencia en las grandes ciudades y en los apartamentos, además de aportar una buena dosis de cariño y atención al dueño, así como de adaptabilidad y capacidad de socialización.

Sin lugar a dudas, el gato es uno de los mejores animales de compañía que se mantiene en perfecto equilibrio de independencia y de atención a los demás.

¿CUÁL ES EL GATO MÁS ANTIGUO?

Hace unos 50 millones de años ya existía en el mundo un animal salvaje que tenía cuerpo largo y patas cortas, que según los paleontólogos fue el antepasado más lejano del actual gato doméstico. Sin embargo, los fósiles más antiguos que muestran una verdadera semejanza con los gatos modernos datan de hace entre diez y doce millones de años, es decir, mucho antes de la aparición del hombre, el perro, el caballo o el cerdo, entre otros.

El más antiguo indicio histórico de un gato doméstico se encontró en Egipto hace 4.500 años. Originariamente, el gato se destinó a lo que mejor sabía hacer: cazar ratones.

¿POR QUÉ VENERABAN LOS EGIPCIOS A LOS GATOS?

El gato fue primero un animal sagrado para el antiguo Egipto, sin embargo, poco a poco, descubrieron que este felino era un animal grato para las casas y que además ponía a salvo los graneros y las cosechas de los voraces roedores del Nilo.

Los gatos eran, por tanto, animales venerados, misteriosos y que controlaban la fertilidad del hombre, del ganado, curaba enfermedades y custodiaba las almas de los muertos. De hecho, el felino siempre moría por causas naturales y gozaba de honores fúnebres oficiales.

¿CUÁNDO LLEGAN LOS GATOS A EUROPA?

En la antigua Europa, los únicos animales cazadores de ratones eran las comadrejas y los turones semidomesticados. Los griegos fueron el primer pueblo en descubrir la existencia del gato, debido a que mantenía relaciones comerciales con Egipto. La cultura griega encontró en el gato a un gran cazador de ratones, además de ser un animal hermoso, simpático, limpio e higiénico.

Una vez que los griegos consiguieron diferentes parejas de gatos, éstos les empezaron a comercializar a los galos, romanos y británicos.

Los gatos empezaron a ser populares en Europa a partir del siglo I después de Cristo.

¿CUÁLES SON LOS PROVERBIOS MÁS EXTENDIDOS SOBRE LOS GATOS?

Poetas, novelistas, pensadores y filósofos han dejado en sus obras y escritos multitud de referencias al felino.

Los diferentes dichos que circulan por el mundo sobre las virtudes y defectos del gato son numerosos. Veamos algunos:

- Listo como un gato.
- Falso como un gato.
- Ágil y silencioso como los gatos.
- Ve a oscuras como los gatos.
- Buscar tres pies al gato.
- Caer de pie como el gato.
- Dar gato por liebre.
- Hay gato encerrado.
- Poner el cascabel al gato.
- Tiene siete vidas como los gatos.
- Son como el perro y el gato.

¿CUÁNTO MIDE UN GATO?

Un gato adulto viene a medir entre 40 y 50 centímetros de longitud, además de poseer una cola que mide alrededor de unos 30 centímetros más.

En cuanto al peso del animal, el peso medio de un macho adulto es de unos 4 kg, siendo el de la hembra algo menor. Aunque esa cifra puede verse incrementada en 1 ó 2 kg más, en el caso de que el animal esté sobrealimentado.

¿PARA QUÉ SIRVE EL PELO DEL GATO?

El manto y el pelaje del gato desempeñan un papel importantísimo en la protección del animal y en el mantenimiento de su equilibrio corporal. De hecho, el pelo del gato forma una eficaz barrera ante el mundo exterior, impidiendo una excesiva pérdida de agua y defendiendo al animal de posibles daños físicos, del calor y del frío, de los rayos solares demasiado fuertes y de la invasión de gérmenes.

Además, el manto del animal varía dependiendo de si es verano o invierno, lo que le permite regular la temperatura corporal en función de la estación que sea. Igualmente, el pelaje del felino es el elemento básico de su belleza y elegancia. Entre las diferentes razas de gatos se pueden encuentran felinos de pelo corto, largo, duro, sedoso, liso, grueso, denso, doble u ondulado. Indiscutiblemente, el pelo del gato es un componente estético de primer orden.

¿POR QUÉ EL GATO VE A OSCURAS?

El órgano sensorial más extraordinario del gato es la vista, además de su portentoso oído. Cada ojo del felino cubre un ángulo de visión de 200 grados, que gracias a su movilidad de cabeza, el gato consigue explorar un amplio horizonte visual. El gato no sabe enfocar de forma precisa lo objetos más próximos, al contrario que el humano, sin embargo a una distancia superior a dos metros es capaz de percibir cualquier movimiento.

La visión del gato a la luz del día es prácticamente perfecta, pero lo asombroso de este animal es que de noche también puede ver con la suficiente claridad, siempre y cuando haya un pequeño haz de luz. La

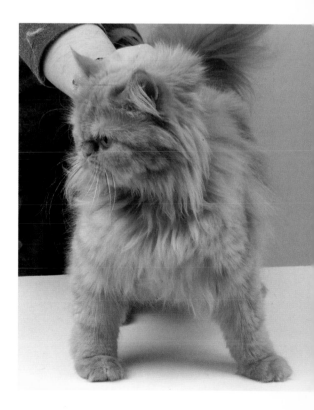

El peso medio de un gato adulto macho es de unos 4 kg; las hembras suelen pesar un poco menos.

razón de ello es que el iris del felino tiene la propiedad de dilatar notablemente la pupila, de modo que la luz más insignificante de la noche es amplificada por el ojo del gato entre 40 y 50 veces más. En este sentido, el gato es un perfecto guía en la noche.

¿POR QUÉ EL GATO OYE MÁS Y MEJOR QUE EL HOMBRE?
El oído del gato es sensible y receptivo hasta el nivel de los ultrasonidos, esto quiere decir que el felino es capaz de oír aquellas vibraciones sonoras superiores a las que puede llegar a captar el oído humano. Además, el gato es capaz de localizar un ruido a una distancia de un metro de donde se encuentra con un error de entre siete y ocho centímetros de distancia, al igual que puede percibir desde una distancia lejana el leve sonido o crujido de un ratón.

El gato es un animal que emplea su excelente capacidad auditiva para su provecho y conveniencia, es decir, el felino pone su oído al servicio de la pereza, su interés, su provecho, el juego y la caza.

Cuando el gato envejece, éste es propenso a ir padeciendo poco a poco de sordera, que es compensada a través de la agudización de la vista y del olfato, órganos que se vuelven tremendamente sensibles a cualquier vibración exterior.

¿CÓMO ES EL OLFATO DEL GATO?
Al igual que sucede con sus antepasados salvajes, el olfato del gato se encuentra muy desarrollado. En este sentido, al felino no se le escapa ningún olor.

Al tratarse de un animal cazador, los gatos poseen un sentido del olfato muy desarrollado.

Así, por ejemplo, el olfato le sirve al animal para detectar el gusto de los alimentos, los olores de las distintas plantas y vegetación y también el olor del hombre. No es extraño, en este último caso, que el gato se eche a dormir o repose sobre las prendas o cama del dueño cuando éste no está en casa, ya que seguramente le recordará al peculiar olor de su propietario.

¿CÓMO ES EL GUSTO DEL FELINO?
El sentido del gusto en el gato se encuentra desarrollado de la misma forma que el olfato. Las papilas gustativas de la lengua del animal están mucho más acostumbradas al

sabor salado y áspero de los alimentos que a las comidas dulces o amargas.

De cualquier forma, el gato es un animal difícil en cuanto a gustos y comidas, ya que el felino se suele cansar con relativa facilidad de la misma comida y se acaba mostrando extravagante en la planificación de dietas alimenticias. En estos casos, el gato se dedica a robar otro tipo de alimentos y sustancias con tal de variar de comida.

Además, el felino cuando se encuentra mal acepta de poco grado los medicamentos y prefiere salir al jardín o a la calle en busca de las plantas curativas que él considera necesarias para su dolencia.

¿PARA QUE SIRVEN LOS BIGOTES?

Los órganos táctiles más sensibles del gato son los bigotes. Éstos se encuentran situados en la piel, por encima de los labios, y llegan a percibir hasta el más mínimo toque o presión.

Igualmente, los bigotes sirven en la oscuridad cerrada y absoluta de la noche de detector de objetos y de radar, llegando a percibir y captar la presencia y la naturaleza de los objetos cercanos.

Estos órganos táctiles también son capaces de percibir las corrientes de aire producidas por otros animales o por las personas que habitan la casa. Gracias a esta circunstancia, el gato está capacitado para detectar a aquellos individuos que pupulan en la oscuridad.

La pérdida de los bigotes o la eliminación de los mismos obstaculiza, sin lugar a dudas, los posibles movimientos que pueda realizar el felino.

¿ES CAPAZ DE AGUANTAR EL DOLOR?

La capacidad del gato a la hora de aguantar el dolor o el sufrimiento es realmente alta. De hecho, el felino no demuestra casi nunca el sufrimiento, por muy agudo o fuerte que sea éste.

Estas dotes para soportar el sufrimiento le permiten al animal, por ejemplo, superar pequeñas enfermedades o males sin que apenas se de cuenta el dueño del gato.

Lo mismo sucede con la temperatura. El gato es un animal que soporta gustoso las altas temperaturas, siempre que no se superen los 50 grados.

Los biberones sirven para alimentar a un gato recién nacido o a uno enfermo.

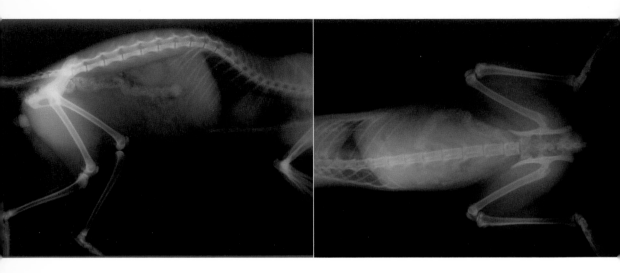

Muestra de dos radiografías tomadas a un gato en una consulta veterinaria.

¿POR QUÉ ES EGOÍSTA? Las

características típicas de los felinos son la independencia, la curiosidad, el interés por la caza, los celos y la pereza.

El gato es un animal que se adapta fácilmente a los nuevos cambios que se producen en su vida y a memorizar las nuevas circunstancias que se le presentan. De esta manera, el felino sabrá actuar adecuadamente en el momento en el que tenga que recurrir a algunas de las circunstancias o situaciones ya vividas.

La actitud del gato ante la vida es perezosa, es decir, única y exclusivamente se moverá por su propio interés; mientras sucede eso, el animal permanecerá indiferente ante la llamada del amo o ante cualquier ruido externo, a no ser que sea algo que le interesa, como por ejemplo el ruido de la comida o el crujido de algún roedor. En este sentido, se puede calificar al gato como un animal maravillosamente egoísta. A pesar de este

comportamiento «muy suyo», el felino siempre se mostrará agradecido y complaciente con la presencia humana, sobre todo si se trata de personas que quiere y admira.

¿ES UN ANIMAL SERVIL? En líneas

generales, el gato es un animal que no se deja amaestrar o enseñar, a no ser que con ello obtenga algún tipo de beneficio. Por esta razón, y sólo bajo la paciente mano experta del dueño, el felino aceptará a regañadientes aprender algún tipo de truco o ejercicio como abrir una puerta, dar la pata, sentarse delante del plato de comida, hacerse el muerto, dar volteretas en el suelo o ir a buscar un objeto.

La mejor edad para intentar enseñar algunos de estos juegos al gato es alrededor de los cuatro o cinco meses de edad; ya que de adulto, el animal se negará en rotundo a obedecer estas prácticas ya que interpretará que dichas enseñanzas no tienen sentido.

También es cierto que muchas veces el animal tiende a aprender este tipo de cosas por su propia iniciativa, ya que de una u otra forma le son provechosas para su existencia, como golpear las ventanas para entrar, agarrarse al pomo de la puerta para salir de la estancia o abrir la caja de la comida.

¿El gato tiene celos?

Rotundamente sí, al igual que sucede con el perro. Así, por ejemplo, si en la casa entra otro gato que intenta acaparar el dominio del primero, éste hará todo lo posible por expulsar al joven intruso o bien por ignorarle y no mostrarle ningún interés.

¿Por qué es curioso?

El felino posee una innata curiosidad que le mueve a intentar descubrir todo aquello que desconoce, desde por qué se mueve una simple pelota a inspeccionar todos los interiores de los cajones o armarios de la casa.

¿Por qué defiende su territorio?

El gato no ha olvidado, en absoluto, la época lejana en la que vivía con toda libertad y debía defender su territorio de la invasión de otros animales, ya fuesen amigos o enemigos. Por esta razón, el concepto de la propiedad privada o del territorio se mantiene todavía vivo en el gato doméstico.

Según distintos estudios espaciales y de psicología animal, el territorio del gato se divide en tres zonas concéntricas: en el primer círculo o centro del territorio se encontraría el verdadero refugio del animal, aquel que le es propio y que es inviolable, y que suele coincidir con el lugar donde duerme y su entorno más próximo; la segunda zona suele abarcar el área donde realiza los paseos; y la tercera, que es un área más vasta, corresponde al territorio de caza. Normalmente, el gato tiende a delimitar con gotas de orina todas aquellas zonas de las que se siente dueño y señor.

¿Sigue siendo cazador el gato casero?

El gato doméstico, que en general está bien alimentado por el dueño a base de comida especial, no debería sentir, por lógica, la necesidad de cazar; sin embargo, no se sabe por qué oscuros motivos ancestrales, innatos o genéticos, el felino sigue siendo carnívoro, predador e incluso ladrón de comida.

El gato tiene un concepto del dominio del territorio muy desarrollado que proviene de su época anterior a la doméstica.

Las estadísticas demuestran, según algunos estudios, que los gatos no son animales infalibles a los ojos de sus presas, ya que en un 80% en el caso de los pájaros y en un 50% cuando se trata de roedores, éstos logran escapar sanos y salvos de las zarpas del felino.

La habilidad por robar comida es otra de las cualidades del gato. Aunque esté bien alimentado y posea la comida que aprecia, el animal tarde o temprano se cansará de ella y dará el paso de ir a la cocina a ver qué es lo que hay y llevárselo a la boca, ya sea un pescado o cualquier otra cosa.

¿CÓMO SE COMUNICAN?

Los gatos disponen de un lenguaje propio por el cual expresan sus sentimientos al resto de gatos e, incluso, se hacen entender con el hombre.

La comunicación del animal se sustenta en dos emisiones sonoras principales: el maullido y el ronroneo. El maullido es una emisión que se puede modular de distintas formas y poseer, igualmente, diferentes significados; en cuanto al ronroneo, se trata de una emisión producida por la vibración de órganos internos del animal y que se realiza con la boca cerrada.

Otra manera de comunicación del gato es por medio de los olores que desprenden y por el lenguaje del cuerpo. En este sentido, los signos que emite el animal son: angulación de la cabeza, erección de la cola, posición de las orejas, expresión facial, hinchazón del pelo, posición de columna curvada, etc.

Sin lugar a dudas, la principal fuente de comunicación del felino es por medio del

maullido, sin embargo esta expresión puede llegar a recoger y expresar multitud de significados: apetito, amor, inquietud, rabia, dolor, estados de ánimo, hambre, etc. Además, hay razas concretas, como por ejemplo los siameses, que tienen mucha más costumbre que otros gatos a usar el maullido.

¿CUÁNTO DUERME UN GATO?

Los gatos se pasan prácticamente el día durmiendo, es decir, dos tercios de la jornada la pasan tumbados y dormidos. La razón de por qué el gato duerme dos veces más que el resto de los mamíferos es, a día de hoy, desconocida. Sin embargo, se sabe que la duración del sueño del gato es variable y condicionada por la satisfacción alimenticia, los estímulos sexuales, la edad o el clima. De hecho, los animales viejos y los muy jóvenes duermen aún más que el gato adulto sano.

El ronroneo del gato se produce por la vibración de órganos internos del animal.

Los lugares preferidos para dormir suelen ser varios: el cesto habitual del gato o cama, el sillón, la cama del dueño, una prenda del propietario, la cesta con la ropa de lavar, el alféizar de la ventana...

Durante el sueño, en ocasiones, el gato puede hacer ligeros movimientos con las patas y los bigotes.

¿QUÉ ES MEJOR COMPRAR, UN MACHO O UNA HEMBRA?

Si el dueño no tiene intención de que el gato se reproduzca, o incluso piensa esterilizarlo, da prácticamente lo mismo comprar un macho o una hembra, porque tanto el uno como la otra son igual de inteligentes, bellos y amables con el amo. A pesar de esa primera premisa, sí que hay detalles diferenciales entre el macho y la hembra: generalmente, los machos crecerán un poco más, serán algo más agresivos, más independientes y tendrán tendencia a alejarse de la casa; por

el contrario, la hembra resulta más afectuosa, ronronea más fácilmente y es más casera.

¿EL GATO APRENDE SU NOMBRE?

El gato es un animal interesado que sigue o hace caso, en la mayoría de los casos, a aquellas acciones de las que va a sacar algo de provecho. Como norma general, se puede decir que el felino aprenderá relativamente pronto su nombre, sobre todo si el dueño asocia el nombre del gato con el hecho de suministrarle comida o agua. Pero en otras ocasiones, el animal se hará completamente el desentendido y no hará caso.

Evidentemente, será necesario poner un nombre breve, dulce y claro al gato, compuesto como mucho por un par de sílabas, ya que de esta forma podrá ser recordado mucho mejor.

Es recomendable repetir el nombre con mucha constancia durante los juegos, antes

El felino es un animal bastante autodidacta que no acepta castigos.

o después de las comidas y en los momentos en que se le mima.

¿CUÁNDO HAY QUE CASTIGAR AL GATO?

El gato, al contrario que el perro, acepta en muy raras ocasiones un adiestramiento o una enseñanza por parte del dueño. En este sentido, el felino es un animal autodidacta que se comporta según su propio instinto y reflejos extravagantes.

Así, por ejemplo, entre el perro y el hombre existe una relación de amor-orden-obediencia, mientras que para el gato la relación con el hombre se basa en un compromiso o acuerdo tácito válido para un determinado tiempo, es decir, es como si fuese una especie de contrato entre el gato y el hombre y viceversa.

Cuando un gato desobedece abiertamente o hace algo que tiene prohibido, y lo hará muy frecuentemente, no se le debe ni pegar, ni amenazarle, ni arrojarle un objeto, ya que el animal podría tener una reacción inesperada o un reproche exagerado a través de maullidos y gritos. Además, aunque el animal es relativamente inteligente, quizá no relacione exactamente un castigo muy severo con el robo de un filete, por ejemplo, lo primero porque el gato considera el robo como una acción habitual y normal dentro de su vida. Eso no significa que después de muchas amonestaciones, el gato no sabe que lo que hace no lo debe hacer.

En este sentido, el dueño podrá convencer al gato de que una determinada acción está prohibida y no la debe hacer, pero otra cosa muy distinta es que no la haga. Seguramente, el gato no realice la acción prohibida mientras esté el dueño delante, pero en el momento en que desaparezca, el animal realizará lo que le venga en gana.

¿CÓMO EVITAR QUE ARAÑE TODA LA CASA?

El dueño deberá prohibir de la forma más absoluta que el gato se arregle las uñas en los muebles, en las tapicerías o en los sillones. Para que evite esos sitios, será necesario regalar al felino una tabla de madera para que sea allí y solo allí donde el animal se arregle y se afile las uñas.

Al gato habrá que enseñarle desde pequeño a que se lime las uñas en un lugar determinado para ello. Para educarle en este ejercicio, es preciso levantar al pequeño por las patas anteriores y ponerlo en la posición de pie sobre el lugar establecido para que se lime. Una vez que el gato compruebe que en la tabla puede arañar y asearse las uñas, accederá a ella de forma satisfactoria.

En el caso de que el animal no aprenda y destroce muebles o cortinas, lo mejor es cortar por lo sano, es decir, llevarle al veterinario para que le intervenga quirúrgicamente y le extirpe las uñas. En estos casos, se trata de una operación mutiladora que sólo es aconsejable en supuestos de necesidad.

¿QUÉ HACER CUANDO EL GATO ESTÁ EN CELO?

Si se posee una gata, ésta puede llegar a ser madre hasta tres o cuatro veces en un año, es decir, estará en celo un máximo de cuatro veces. Además, durante la primavera, la hembra puede desarrollar periodos de celo de hasta 30 días seguidos, con el consiguiente malestar sonoro que ello conlleva, aunque lo normal es que el lapso de cada celo dure entre tres y quince días.

La gata en celo presenta las siguientes características: está más mansa y más deseosa de caricias, arrastra el vientre sobre el suelo, da volteretas panza arriba y altera el maullido con agudas llamadas sonoras.

Para evitar embarazos no deseados lo mejor es tener controlado al animal durante el periodo de celo y en estrecha vigilancia, manteniendo las puertas y ventanas de la casa bien cerradas.

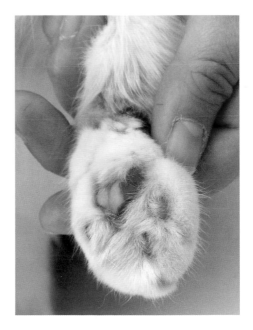

Algunas personas deciden extirpar las uñas a su gato para que no les destrocen los muebles.

Por el contrario, el macho en celo se vuelve mucho más nervioso, evita las caricias y suele olvidar las más elementales reglas de higiene.

La manera de evitar el periodo de celo tanto en el macho como en la hembra es proceder a la esterilización y castración del animal. Para ello deberá consultar al veterinario. También existen ciertas pastillas que disminuyen, cuando no hacen desaparecer, el periodo de celo del gato. En cualquier caso, deberá consultar al médico para elegir el método mejor y más eficaz.

¿QUÉ REGLAS SE DEBEN SEGUIR SI EL DUEÑO QUIERE CRIAR?

• El macho y la hembra deben pertenecer a la misma raza.

• Ambos animales deben gozar de perfecta salud y estar al corriente de las vacunaciones periódicas.

• Deben haber alcanzado la madurez sexual: un año y medio para la hembra y dos años para el macho.

• Las hembras de talla pequeña no deben ser cubiertas por un macho demasiado grande.

• No se debe cubrir a la hembra antes del tercer celo y sólo se hará cuando ambos se encuentren en plenas condiciones físicas.

¿QUÉ DEBE COMER EL GATO? El

gato es un animal que necesita del doble de proteínas que el perro, por eso la mayoría de los productos que coma tienen que tener procedencia animal.

La lista de alimentos principales que tiene que ingerir el felino son los siguientes:

• Carne. Al gato le gusta cualquier tipo de carne. Tenga presente que 100 gramos de carne, aproximadamente, aportan unas 250 calorías.

• Pescado. Es un alimento nutritivo que suministra al animal 120 calorías por cada 100 gramos. Se le deben quitar siempre las espinas.

• Vísceras. Son muy apreciadas, pero deben suministrarse con cierta precaución.

• Queso. Es un alimento bien aceptado por el felino, aunque se le debe suministrar en pequeñas cantidades.

• Leche. Alimento rico en calcio que se debe dar sólo a los gatos que les gusta.

• Verduras. Deben mezclarse con la carne, y tienen que estar cocidas y machacadas.

• Comida en lata. Es un alimento que se puede suministrar al gato sin ningún tipo de reserva. Existen distintos preparados de carne o de vegetales, pasta, arroz o verduras y enriquecidos con carne o queso.

• Cereales. El arroz, la pasta y los copos de avena aportan al gato una buena dosis de energía.

¿POR QUÉ ES UN MANIÁTICO DE LA HIGIENE? El gato mantiene una

actividad constante de limpieza de su cuerpo, por medio del humedecimiento de la lengua que pasa por todo el pelaje. De esta forma, el animal mantiene limpio y brillante, a la vez que aseado, el cuerpo, cabeza, mucosas y zona sexual.

Debido a la maniática limpieza del gato, éste ingiere gran cantidad de pelo. Si la ingestión de pelo es normal, no debe considerarse nociva; además, el felino dispone de sus propios remedios para vomitar y evacuar las bolas de pelo en el caso de que éstas sean muchas.

El hombre también puede contribuir a la limpieza y peinado del animal, sobre todo si se trata de un gato de pelo largo. Para ello, el dueño deberá recurrir a una serie de cepillos, peines y guantes especiales para el peinado y cepillado del felino. Todos estos utensilios pueden encontrarse fácilmente en las tiendas especializadas de animales.

¿CÓMO SABER SI EL GATO ESTÁ ENFERMO?

Uno de los primeros síntomas que indican que el animal no se encuentra bien es el rechazo del alimento. Además, el gato tenderá a mostrarse inapetente, es decir, estará desinteresado por todo, somnoliento, triste, con los ojos rojizos y el pelo de color mate y sin brillo. En el caso de que la indisposición sea más seria, el animal tendrá predisposición a vomitar habitualmente y a toser, además de respirar con dificultad.

Lo primero que debe hacer si sospecha que el animal está enfermo es tomarle la temperatura por el recto. La temperatura media del gato es de 38,6 grados; en el supuesto de que el animal supere los 39 grados es que tiene fiebre y el gato está mal. En esos casos deberá llamar al veterinario.

Cuando un felino rechaza su comida, probablemente esté enfermo.

¿CÓMO ENTENDER AL GATO?

Para que la relación entre el dueño y el gato sea satisfactoria, el hombre debe conocer y comprender la naturaleza particular del comportamiento del felino. Lo primero que debe saber la persona que adquiere un felino es que el gato doméstico, por distintas razones, mantiene ciertas costumbres salvajes que tarde o temprano reaparecen en alguna ocasión en el día a día.

El gato se ha convertido, como consecuencia de la evolución genética y de la adaptación y cría de las razas en cautividad, en un animal doméstico y casero.

De hecho, al gato le gusta vivir dentro de una casa y acompañado por su dueño o dueños. Como contrapartida, el propietario proporciona al felino alimento, higiene, calor y diversión, además de seguridad y cobijo de pequeño.

La esterilización o la castración es aconsejable para un gato que lleve una vida exclusivamente doméstica y no salga nunca de la vivienda; sin embargo, por lo general, los gatos tienen necesidad de que se les deje solos de vez en cuando, al igual que en otras ocasiones requerirán la compañía y el afecto de las personas de la casa. En este sentido, el dueño no debe olvidar que el gato es ante todo un animal independiente, autodidacta y ligeramente egoísta; pero que, a la vez, también es un animal que aprecia y le gusta estar junto a su dueño y saborear el tiempo que pasa en su casa y con él. Debe dejar que el gato sea libre pero también dependiente, ésa es la mejor relación que puede entablar con un animal que se encuentra a medio camino entre la vida salvaje y la domesticación, entre la enseñanza y el aprendizaje sistemático y la capacidad de elegir lo que desea hacer. El gato es un animal que sabe perfectamente quién es y se encuentra enteramente satisfecho de sí mismo y de cómo es.